Immanuel Kant

# Prolegomena zu einer jeden künftigen Metaphysik

die als Wissenschaft wird auftreten könner

Immanuel Kant

**Prolegomena zu einer jeden künftigen Metaphysik**
*die als Wissenschaft wird auftreten können*

ISBN/EAN: 9783744600163

Hergestellt in Europa, USA, Kanada, Australien, Japan

Cover: Foto ©ninafisch / pixelio.de

Weitere Bücher finden Sie auf **www.hansebooks.com**

# Prolegomena

zu

einer jeden

## künftigen Metaphysik

die

als Wissenschaft

wird auftreten können,

von

Immanuel Kant.

Riga,

bey Johann Friedrich Hartknoch.

1783.

Diese Prolegomena sind nicht zum Gebrauch vor Lehrlinge, sondern vor künftige Lehrer, und sollen auch diesen nicht etwa dienen, um den Vortrag einer schon vorhandnen Wissenschaft anzuordnen, sondern um diese Wissenschaft selbst allererst zu erfinden.

Es giebt Gelehrte, denen die Geschichte der Philosophie (der alten sowol, als neuen) selbst ihre Philosophie ist, vor diese sind gegenwärtige Prolegomena nicht geschrieben. Sie müssen warten, bis diejenigen, die aus den Quellen der Vernunft selbst zu schöpfen bemühet sind, ihre Sache werden ausgemacht haben, und alsdenn wird an ihnen die Reihe seyn, von dem Geschehenen der Welt Nachricht zu geben. Widrigenfalls kan nichts gesagt werden, was ihrer

Mei-

Meinung nach, nicht schon sonst gesagt worden ist, und in der That mag dieses auch als eine untrügliche Vorhersagung vor alles künftige gelten; denn, da der menschliche Verstand über unzählige Gegenstände viele Jahrhunderte hindurch auf mancherley Weise geschwärmt hat, so kan es nicht leicht fehlen, daß nicht zu jedem Neuen etwas Altes gefunden werden sollte, was damit einige Aehnlichkeit hätte.

Meine Absicht ist, alle diejenigen, so es werth finden, sich mit Metaphysik zu beschäftigen, zu überzeugen: daß es unumgänglich nothwendig sey, ihre Arbeit vor der Hand auszusetzen, alles bisher geschehene als ungeschehen anzusehen, und vor allen Dingen zuerst die Frage aufzuwerfen: „ob auch so etwas, als Metaphysik, überall nur möglich sey.„

Ist sie Wissenschaft, wie kommt es, daß sie sich nicht, wie andre Wissenschaften, in allgemeinen und daurenden Beyfall setzen kan? Ist sie keine, wie geht es zu, daß sie doch unter dem Scheine einer Wissenschaft unaufhörlich groß thut, und den menschlichen Verstand mit niemals erlöschenden, aber nie erfüllten Hoffnungen hinhält? Man mag also entweder sein Wissen oder Nichtwissen demonstriren, so muß doch einmal über die Natur dieser angemaßten Wissenschaft etwas sicheres ausgemacht werden; denn auf dem-

demſelben Fuſſe kann es mit ihr unmöglich länger bleiben. Es ſcheint beinahe belachenswerth, indeſſen daß jede andre Wiſſenſchaft unaufhörlich fortrückt, ſich in dieſer, die doch die Weisheit ſelbſt ſeyn will, deren Orakel jeder Menſch befrägt, beſtändig auf derſelben Stelle herumzudrehen, ohne einen Schritt weiter zu kommen. Auch haben ſich ihre Anhänger gar ſehr verloren, und man ſiehet nicht, daß diejenigen, die ſich ſtark genug fühlen, in andern Wiſſenſchaften zu glänzen, ihren Ruhm in dieſer wagen wollen; wo jedermann, der ſonſt in allen übrigen Dingen unwiſſend iſt, ſich ein entſcheidendes Urtheil anmaßt, weil in dieſem Lande in der That noch kein ſicheres Maaß und Gewicht vorhanden iſt, um Gründlichkeit von ſeichtem Geſchwätze zu unterſcheiden.

Es iſt aber eben nicht ſo was unerhörtes, daß, nach langer Bearbeitung einer Wiſſenſchaft, wenn man Wunder denkt, wie weit man ſchon darin gekommen ſey, endlich ſich jemand die Frage einfallen läßt: ob und wie überhaupt eine ſolche Wiſſenſchaft möglich ſey. Denn die menſchliche Vernunft iſt ſo bauluſtig, daß ſie mehrmalen ſchon den Thurm aufgeführt, hernach aber wieder abgetragen hat, um zu ſehen, wie das Fundament deſſelben wohl beſchaffen ſeyn möchte. Es iſt niemals zu ſpät, vernünftig und

wei-

weife zu werden; es ist aber jederzeit schwerer, wenn die Einsicht spät kommt, sie in Gang zu bringen.

Zu fragen: ob eine Wissenschaft auch wohl möglich sey, sezt voraus, daß man an der Wirklichkeit derselben zweifle. Ein solcher Zweifel aber beleidigt jedermann, dessen ganze Habseligkeit vielleicht in diesem vermeinten Kleinode bestehen möchte; und daher mag sich der, so sich diesen Zweifel entfallen läßt, nur immer auf Widerstand von allen Seiten gefaßt machen. Einige werden in stolzem Bewußtseyn ihres alten, und eben daher vor rechtmäßig gehaltenen Besizes, mit ihren metaphysischen Compendien in der Hand, auf ihn mit Verachtung herabsehen: andere die nirgend etwas sehen, als was mit dem einerley ist, was sie schon sonst irgendwo gesehen haben, werden ihn nicht verstehen, und alles wird einige Zeit hindurch so bleiben, als ob gar nichts vorgefallen wäre, was eine nahe Veränderung besorgen oder hoffen liesse.

Gleichwohl getraue ich mir vorauszusagen, daß der selbstdenkende Leser dieser Prolegomenen nicht blos an seiner bisherigen Wissenschaft zweifeln, sondern in der Folge gänzlich überzeugt seyn werde, daß es dergleichen gar nicht geben könne, ohne daß die hier geäusserte Forderungen geleistet werden, auf welchen ih=

ihre Möglichkeit beruht, und, da dieses noch niemals
geschehen, daß es überall noch keine Metaphysik gebe.
Da sich indessen die Nachfrage nach ihr doch auch nie=
mals verlieren kan *), weil das Interesse der allgemei=
nen Menschenvernunft mit ihr gar zu innigst verfloch=
ten ist, so wird er gestehen, daß eine völlige Reform,
oder vielmehr eine neue Geburt derselben, nach einem
bisher ganz unbekanten Plane, unausbleiblich bevor=
stehe, man mag sich nun eine Zeitlang dagegen sträu=
ben, wie man wolle.

Seit Loks und Leibnizens Versuchen, oder
vielmehr seit dem Entstehen der Metaphysik, so weit
die Geschichte derselben reicht, hat sich keine Begeben=
heit zugetragen, die in Ansehung des Schicksals die=
ser Wissenschaft hätte entscheidender werden können,
als der Angrif, den David Hume auf dieselbe mach=
te. Er brachte kein Licht in diese Art von Erkent=
niß, aber er schlug doch einen Funken, bey welchem
man wohl ein Licht hätte anzünden können, wenn er
einen empfänglichen Zunder getroffen hätte, dessen
Glimmen sorgfältig wäre unterhalten und vergrössert
worden.

A 4 Hu=

*) Rusticus exspectat, dum defluat amnis: at ille
Labitur et labetur in omne volubilis aevum.
Horat.

Hume ging hauptsächlich von einem einzigen, aber wichtigen Begriffe der Metaphysik, nämlich dem der Verknüpfung der Ursache und Wirkung, (mithin auch dessen Folgebegriffe der Kraft und Handlung ec.) aus, und forderte die Vernunft, die da vorgiebt, ihn in ihrem Schoosse erzeugt zu haben, auf, ihm Rede und Antwort zu geben, mit welchem Rechte sie sich denkt: daß etwas so beschaffen seyn könne, daß, wenn es gesetzt ist, dadurch auch etwas anderes nothwendig gesetzt werden müsse; denn das sagt der Begriff der Ursache. Er bewies unwidersprechlich: daß es der Vernunft gänzlich unmöglich sey, a priori, und aus Begriffen eine solche Verbindung zu denken; denn diese enthält Nothwendigkeit; es ist aber gar nicht abzusehen, wie darum, weil Etwas ist, etwas anderes nothwendiger Weise auch seyn müsse, und wie sich also der Begrif von einer solchen Verknüpfung a priori einführen lasse. Hieraus schloß er, daß die Vernunft sich mit diesem Begriffe ganz und gar betriege, daß sie ihn fälschlich vor ihr eigen Kind halte, da er doch nichts anders als ein Bastard der Einbildungskraft sey, die, durch Erfahrung beschwängert, gewisse Vorstellungen unter das Gesetz der Association gebracht hat, und eine daraus entspringende subjective Nothwendigkeit d. i. Gewohnheit, vor eine objective

aus

aus Einsicht, unterschiebt. Hieraus schloß er: die Vernunft habe gar kein Vermögen, solche Verknüpfungen, auch selbst nur im Allgemeinen, zu denken, weil ihre Begriffe alsdann bloße Erdichtungen seyn würden, und alle ihre vorgeblich a priori bestehende Erkentnisse wären nichts als falsch gestempelte gemeine Erfahrungen, welches eben so viel sagt, als es gäbe überall keine Metaphysik und könne auch keine geben. *)

So übereilt und unrichtig auch seine Folgerung war, so war sie doch wenigstens auf Untersuchung gegründet, und diese Untersuchung war es wohl werth, daß sich die guten Köpfe seiner Zeit vereinigt hätten,

A 5 die

___

*) Gleichwol nannte Hume eben diese zerstörende Philosophie selbst Metaphysik, und legte ihr einen hohen Werth bey. „Metaphysik und Moral, sagt er, (Versuche 4tes Theil, Seite 214, deutsche Uebers.) sind die wichtigsten Zweige der Wissenschaft; Mathematik und Naturwissenschaft sind nicht halb so viel werth.„ Der scharfsinnige Mann sahe aber hier blos auf den negativen Nutzen, den die Mäßigung der übertriebenen Ansprüche der speculativen Vernunft haben würde, um so viel endlose und verfolgende Streitigkeiten, die das Menschengeschlecht verwirren, gänzlich aufzuheben; aber er verlor darüber den positiven Schaden aus den Augen, der daraus entspringt, wenn der Vernunft die wichtigsten Aussichten genommen werden, nach denen allein sie dem Willen das höchste Ziel aller seiner Bestrebungen ausstecken kan.

die Aufgabe, in dem Sinne, wie er sie vortrug, wo möglich, glücklicher aufzulösen, woraus denn bald eine gänzliche Reform der Wissenschaft hätte entspringen müssen.

Allein das der Metaphysik von je her ungünstige Schicksal wollte, daß er von keinem verstanden würde. Man kan es, ohne eine gewisse Pein zu empfinden, nicht ansehen, wie so ganz und gar seine Gegner Reid, Oswald, Beattie, und zulezt noch Priestley, den Punct seiner Aufgabe verfehlten, und indem sie immer das als zugestanden annahmen, was er eben bezweifelte, dagegen aber mit Heftigkeit und mehrentheils mit grosser Unbescheidenheit dasjenige bewiesen, was ihm niemals zu bezweifeln in den Sinn gekommen war, seinen Wink zur Verbesserung so verkannten, daß alles in dem alten Zustande blieb, als ob nichts geschehen wäre. Es war nicht die Frage, ob der Begrif der Ursache richtig, brauchbar, und in Ansehung der ganzen Naturerkentniß unentbehrlich sey, denn dieses hatte Hume niemals in Zweifel gezogen; sondern ob er durch die Vernunft a priori gedacht werde, und, auf solche Weise, eine von aller Erfahrung unabhängige innre Wahrheit, und daher auch wohl weiter ausgedehnte Brauchbarkeit habe, die nicht blos auf Gegenstände der Erfahrung ein-

eingeschränkt sey: Hierüber erwartete Hume Eröffnung. Es war ja nur die Rede von dem Ursprunge dieses Begriffs, nicht von der Unentbehrlichkeit desselben im Gebrauche: wäre jenes nur ausgemittelt, so würde es sich wegen der Bedingungen seines Gebrauches, und des Umfangs, in welchem er gültig seyn kan, schon von selbst gegeben haben.

Die Gegner des berühmten Mannes hätten aber, um der Aufgabe ein Gnüge zu thun, sehr tief in die Natur der Vernunft, so fern sie blos mit reinem Denken beschäftigt ist, hineindringen müssen, welches ihnen ungelegen war. Sie erfanden daher ein bequemeres Mittel, ohne alle Einsicht trotzig zu thun, nämlich, die Berufung auf den gemeinen Menschenverstand. In der That ists eine grosse Gabe des Himmels, einen geraden (oder, wie man es neuerlich benannt hat, schlichten) Menschenverstand zu besitzen. Aber man muß ihn durch Thaten beweisen, durch das Ueberlegte und Vernünftige, was man denkt und sagt, nicht aber dadurch, daß, wenn man nichts Kluges zu seiner Rechtfertigung vorzubringen weiß, man sich auf ihn, als ein Orakel beruft. Wenn Einsicht und Wissenschaft auf die Neige gehen, alsdenn und nicht eher, sich auf den gemeinen Menschenverstand zu berufen, das ist eine von den

sub-

subtilen Erfindungen neuerer Zeiten, dabey es der
schaalste Schwätzer mit dem gründlichsten Kopfe getrost aufnehmen, und es mit ihm aushalten kan.
So lange aber noch ein kleiner Rest von Einsicht da
ist, wird man sich wohl hüten, diese Nothhülfe zu er-
greifen. Und, beym Lichte besehen, ist diese Appella-
tion nichts anders, als eine Berufung auf das Urtheil der Menge; ein Zuklatschen, über das der Phi-
losoph erröthet, der populaire Witzling aber trium-
phirt und trotzig thut. Ich sollte aber doch denken,
Hume habe auf einen gesunden Verstand eben so
wohl Anspruch machen können, als Beattie, und
noch überdem auf das, was dieser gewiß nicht besaß,
nämlich, eine critische Vernunft, die den gemeinen
Verstand in Schranken hält, damit er sich nicht in
Speculationen versteige, oder, wenn blos von diesen
die Rede ist, nichts zu entscheiden begehre, weil er
sich über seine Grundsätze nicht zu rechtfertigen versteht; denn nur so allein wird er ein gesunder Verstand bleiben. Meissel und Schlägel können ganz
wohl dazu dienen, ein Stück Zimmerholz zu bearbei-
ten, aber zum Kupferstechen muß man die Radierna-
del brauchen. So sind gesunder Verstand sowol, als
speculativer, beyde, aber jeder in seiner Art brauchbar: jener, wenn es auf Urtheile ankommt, die in
der

der Erfahrung ihre unmittelbare Anwendung finden, dieser aber, wo im Allgemeinen, aus blossen Begriffen geurtheilt werden soll, z. B. in der Metaphysik, wo der sich selbst, aber oft per anthiphrasin, so nennende gesunde Verstand ganz und gar kein Urtheil hat.

Ich gestehe frey: die Erinnerung des David Hume war eben dasjenige, was mir vor vielen Jahren zuerst den dogmatischen Schlummer unterbrach, und meinen Untersuchungen im Felde der speculativen Philosophie eine ganz andre Richtung gab. Ich war weit entfernt, ihm in Ansehung seiner Folgerungen Gehör zu geben, die blos daher rührten, weil er sich seine Aufgabe nicht im Ganzen vorstellete, sondern nur auf einen Theil derselben fiel, der, ohne das Ganze in Betracht zu ziehen, keine Auskunft geben kan. Wenn man von einem gegründeten, obzwar nicht ausgeführten Gedanken anfängt, den uns ein anderer hinterlassen, so kan man wohl hoffen, es bey fortgesetztem Nachdenken weiter zu bringen, als der scharfsinnige Mann kam, dem man den ersten Funken dieses Lichts zu verdanken hatte.

Ich versuchte also zuerst, ob sich nicht Hume's Einwurf allgemein vorstellen liesse, und fand bald: daß der Begrif der Verknüpfung von Ursache und

Wir-

Wirkung bey weitem nicht der einzige sey, durch den
der Verstand a priori sich Verknüpfungen der Dinge
denkt, vielmehr, daß Metaphysik ganz und gar
daraus bestehe. Ich suchte mich ihrer Zahl zu versi-
chern, und, da dieses mir nach Wunsch, nämlich
aus einem einzigen Princip, gelungen war, so ging ich
an die Deduction dieser Begriffe, von denen ich nunmehr versichert war, daß sie nicht, wie Hume be-
sorgt hatte, von der Erfahrung abgeleitet, sondern
aus dem reinen Verstande entsprungen seyn. Diese
Deduction, die meinem scharfsinnigen Vorgänger unmöglich schien; die niemand ausser ihm sich auch nur
hatte einfallen lassen, obgleich jedermann sich der Begriffe getrost bediente, ohne zu fragen, worauf sich
denn ihre objective Gültigkeit gründe, diese, sage ich,
war das schwerste, das jemals zum Behuf der Metaphysik unternommen werden konte, und was noch
das Schlimmste dabey ist, so konte mir Metaphysik,
so viel davon nur irgendwo vorhanden ist, hiebey auch
nicht die mindeste Hülfe leisten, weil jene Deduction
zuerst die Möglichkeit einer Metaphysik ausmachen
soll. Da es mir nun mit der Auflösung des Humischen Problems nicht blos in einem besondern Falle,
sondern in Absicht auf das ganze Vermögen der reinen Vernunft gelungen war: so konnte ich sichere, obgleich

gleich immer nur langsame Schritte thun, um endlich
den ganzen Umfang der reinen Vernunft, in seinen
Grenzen sowol, als seinem Inhalt, vollständig und
nach allgemeinen Principien zu bestimmen, welches
denn dasjenige war, was Metaphysik bedarf, um
ihr System nach einem sicheren Plan aufzuführen.

Ich besorge aber, daß es der Ausführung des
Humischen Problems in seiner möglich größten Erweiterung (nämlich der Critik der reinen Vernunft)
eben so gehen dürfte, als es dem Problem selbst er-
ging, da es zuerst vorgestellt wurde. Man wird sie
unrichtig beurtheilen, weil man sie nicht versteht;
man wird sie nicht verstehen, weil man das Buch
zwar durchzublättern, aber nicht durchzudenken Lust
hat; und man wird diese Bemühung darauf nicht
verwenden wollen, weil das Werk trocken, weil es
dunkel, weil es allen gewohnten Begriffen widerstrei-
tend und überdem weitläuftig ist. Nun gestehe ich,
daß es mir unerwartet sey, von einem Philosophen
Klagen wegen Mangel an Popularität, Unterhaltung
und Gemächlichkeit zu hören, wenn es um die Existenz
einer gepriesenen und der Menschheit unentbehrlichen
Erkenntniß selbst zu thun ist, die nicht anders, als nach
den strengsten Regeln einer schulgerechten Pünctlich-

keit

keit ausgemacht werden kan, auf welche zwar mit der Zeit auch Popularität folgen, aber niemals den Anfang machen darf. Allein, was eine gewisse Dunkelheit betrift, die zum Theil von der Weitläuftigkeit des Plans herrühret, bey welcher man die Hauptpunkte, auf die es bey der Untersuchung ankommt, nicht wohl übersehen kan: so ist die Beschwerde deshalb gerecht, und dieser werde ich durch gegenwärtige Prolegomena abhelfen.

Jenes Werk, welches das reine Vernunftvermögen in seinem ganzen Umfange und Grenzen darstellt, bleibt dabey immer die Grundlage, worauf sich die Prolegomena nur als Vorübungen beziehen; denn jene Critik muß als Wissenschaft, systematisch, und bis zu ihren kleinsten Theilen vollständig dastehen, ehe noch daran zu denken ist, Metaphysik auftreten zu lassen, oder sich auch nur eine entfernte Hoffnung zu derselben zu machen.

Man ist es schon lange gewohnt, alte abgenutzte Erkentnisse dadurch neu aufgestutzt zu sehen, daß man sie aus ihren vormaligen Verbindungen herausnimmt, ihnen ein systematisches Kleid nach eigenem beliebigen Schnitte, aber unter neuen Titeln, anpaßt;

paßt; und nichts anders wird der größte Theil der Leser auch von jener Critik zum voraus erwarten. Allein diese Prolegomena werden ihn dahin bringen, einzusehen, daß es eine ganz neue Wissenschaft sey, von
welcher niemand auch nur den Gedanken vorher gefaßt hatte, wovon selbst die bloße Idee unbekant war,
und wozu von allem bisher gegebenen nichts genutzt
werden konte, als allein der Wink, den Humes
Zweifel geben konten, der gleichfalls nichts von einer
dergleichen möglichen förmlichen Wissenschaft ahn-
dete, sondern sein Schiff, um es in Sicherheit zu
bringen, auf den Strand (den Scepticism) setzte,
da es denn liegen und verfaulen mag, statt dessen es
bey mir darauf ankommt, ihm einen Piloten zu geben, der, nach sicheren Principien der Steuermanns-
kunst, die aus der Kentniß des Globus gezogen sind,
mit einer vollständigen Seecharte und einem Compas
versehen, das Schiff sicher führen könne, wohin es
ihm gut dünkt.

Zu einer neuen Wissenschaft, die gänzlich iso-
lirt und die einzige ihrer Art ist, mit dem Vorurtheil
gehen, als könne man sie vermittelst seiner schon sonst
erworbenen vermeinten Kentnisse beurtheilen, obgleich
die es eben sind, an deren Realität zuvor gänzlich ge-

zwei-

zweifelt werden muß, bringt nichts anders zuwege,
als daß man allenthalben das zu sehen glaubt, was
einem schon sonst bekant war, weil etwa die Ausdrücke jenem ähnlich lauten, nur, daß einem alles äus-
serst verunstaltet, widersinnisch und kauderwelsch vorkommen muß, weil man nicht die Gedanken des Ver-
fassers, sondern immer nur seine eigene, durch lange
Gewohnheit zur Natur gewordene Denkungsart dabey zum Grunde legt. Aber die Weitläuftigkeit des
Werks, so fern sie in der Wissenschaft selbst, und
nicht dem Vortrage gegründet ist, die dabey unvermeidliche Trockenheit und scholastische Pünctlichkeit,
sind Eigenschaften, die zwar der Sache selbst über-
aus vortheilhaft seyn mögen, dem Buche selbst aber
allerdings nachtheilig werden müssen.

Es ist zwar nicht jedermann gegeben, so subtil
und doch zugleich so anlockend zu schreiben, als David Hume, oder so gründlich, und dabey so elegant,
als Moses Mendelssohn; allein Popularität hätte
ich meinem Vortrage (wie ich mir schmeichele) wohl
geben können, wenn es mir nur darum zu thun gewesen wäre, einen Plan zu entwerfen, und dessen
Vollziehung andern anzupreisen, und mir nicht das
Wohl der Wissenschaft, die mich so lange beschäftigt
hielt,

hielt, am Herzen gelegen hätte; denn übrigens gehör=
te viel Beharrlichkeit und auch selbst nicht wenig Selbst=
verläugnung dazu, die Anlockung einer früheren gün=
stigen Aufnahme der Aussicht auf einen zwar späten,
aber dauerhaften Beyfall nachzusetzen.

Plane machen ist mehrmalen eine üppige, prah=
lerische Geistesbeschäftigung, dadurch man sich ein
Ansehen von schöpferischem Genie giebt, indem man
fodert, was man selbst nicht leisten, tadelt, was
man doch nicht besser machen kan, und vorschlägt, wo=
von man selbst nicht weiß, wo es zu finden ist, wie=
wohl auch nur zum tüchtigen Plane einer allgemeinen
Critik der Vernunft schon etwas mehr gehöret hätte,
als man wohl vermuthen mag, wenn er nicht blos,
wie gewöhnlich, eine Deklamation frommer Wün=
sche hätte werden sollen. Allein reine Vernunft ist
eine so abgesonderte, in ihr selbst so durchgängig ver=
knüpfte Sphäre, daß man keinen Theil derselben an=
tasten kan, ohne alle übrige zu berühren, und nichts
ausrichten kan, ohne vorher jedem seine Stelle und
seinen Einfluß auf den andern bestimmt zu haben,
weil, da nichts außer derselben ist, was unser Urtheil
innerhalb berichtigen könte, jedes Theiles Gültigkeit
und Gebrauch von dem Verhältnisse abhängt, darin

es

es gegen die übrige in der Vernunft selbst steht, und, wie bey dem Gliederbau eines organisirten Körpers, der Zweck jedes Gliedes nur aus dem vollständigen Begriff des Ganzen abgeleitet werden kan. Daher kan man von einer solchen Critik sagen, daß sie niemals zuverläßig sey, wenn sie nicht ganz, und bis auf die mindesten Elemente der reinen Vernunft vollendet ist, und daß man von der Sphäre dieses Vermögens entweder alles, oder nichts bestimmen und ausmachen müsse.

Ob aber gleich ein bloßer Plan, der vor der Critik der reinen Vernunft vorhergehen möchte, unverständlich, unzuverläßig und unnütze seyn würde, so ist er dagegen um desto nützlicher, wenn er darauf folgt. Denn dadurch wird man in den Stand gesetzt, das Ganze zu übersehen, die Hauptpuncte, worauf es bey dieser Wissenschaft ankommt, stückweise zu prüfen, und manches dem Vortrage nach besser einzurichten, als es in der ersten Ausfertigung des Werks geschehen konte.

Hier ist nun ein solcher Plan, nach vollendetem Werke, der nunmehr nach analytischer Methode angelegt seyn darf, da das Werk selbst durchaus

aus nach ſynthetiſcher Lehrart abgefaßt ſeyn mußte,
damit die Wiſſenſchaft alle ihre Articulationen, als
den Gliederbau eines ganz beſondern Erkentnißvermö-
gens, in ſeiner natürlichen Verbindung vor Augen
ſtelle. Wer dieſen Plan, den ich als Prolegomena
vor aller künftigen Metaphyſik voranſchicke, ſelbſt
wiederum dunkel findet, der mag bedenken, daß es
eben nicht nöthig ſey, daß jedermann Metaphyſik
ſtudire, daß es manches Talent gebe, welches in
gründlichen und ſelbſt tiefen Wiſſenſchaften, die ſich
mehr der Anſchauung nähern, ganz wohl fertkömmt,
dem es aber mit Nachforſchungen durch lauter abgezogene Begriffe, nicht gelingen will, und daß man ſeine Geiſtesgaben in ſolchem Fall auf einen andern Gegenſtand verwenden müſſe, daß aber derjenige, der
Metaphyſik zu beurtheilen, ja ſelbſt eine abzufaſſen un-
ternimmt, denen Forderungen, die hier gemacht
werden, durchaus ein Gnüge thun müſſe, es mag
nun auf die Art geſchehen, daß er meine Auflöſung
annimmt, oder ſie auch gründlich widerlegt, und eine andere an deren Stelle ſetzt, — denn abweiſen
kan er ſie nicht — und daß endlich die ſo beſchriene
Dunkelheit (eine gewohnte Bemäntelung ſeiner eigenen Gemächlichkeit oder Blödſichtigkeit) auch ihren
Nutzen habe: da alle, die in Anſehung aller andern

B 3 Wiſ-

Wiſſenſchaften ein behutſames Stillſchweigen beobach-
ten, in Fragen der Metaphyſik meiſterhaft ſprechen,
und dreuſt entſcheiden, weil ihre Unwiſſenheit hier
freylich nicht gegen anderer Wiſſenſchaft deutlich ab-
ſticht, wohl aber gegen ächte critiſche Grundſätze, von
denen man alſo rühmen kan:

ignauum, fucos, pecus a praeſepibus arcent.
*Virg.*

# Prolegomena.

## Vorerinnerung

### von dem

## Eigenthümlichen aller metaphysischen Erkentniß.

### §. 1.
## Von den Quellen der Metaphysik.

Wenn man eine Erkentniß als Wissenschaft darstellen will, so muß man zuvor das Unterscheidende, was sie mit keiner andern gemein hat, und was ihr also eigenthümlich ist, genau bestimmen können; wiedrigenfalls die Grenzen aller Wissenschaften in einander lauffen, und keine derselben, ihrer Natur nach, gründlich abgehandelt werden kan.

Dieses Eigenthümliche mag nun in dem Unterschiede des Objects, oder der Erkentnißquellen, oder auch der Erkentnißart, oder einiger, wo nicht aller dieser Stücke zusammen, bestehen, so beruht darauf zuerst die Idee der möglichen Wissenschaft und ihres Territorium.

Zuerst, was die Quellen einer metaphysischen Erkentniß betrift, so liegt es schon in ihrem Begriffe, daß sie nicht empirisch seyn können. Die Principien derselben,

(wo-

(wozu nicht blos ihre Grundsätze, sondern auch Grundbegriffe gehören,) müssen also niemals aus der Erfahrung genommen seyn: denn sie soll nicht physische, sondern metaphysische, d. i. jenseit der Erfahrung liegende Erkentniß seyn. Also wird weder äussere Erfahrung, welche die Quelle der eigentlichen Physik, noch innere, welche die Grundlage der empirischen Psychologie ausmacht, bey ihr zum Grunde liegen. Sie ist also Erkentniß a priori, oder aus reinem Verstande und reiner Vernunft.

Hierin aber würde sie nichts Unterscheidendes von der reinen Mathematik haben; sie wird also reine philosophische Erkentniß heissen müssen; wegen der Bedeutung dieses Ausdrucks aber beziehe ich mich auf Critik d. r. V. Seite 712 u. f. wo der Unterschied dieser zwey Arten des Vernunftgebrauchs einleuchtend und gnugthuend ist dargestellt worden. — So viel von den Quellen der metaphysischen Erkentniß.

### §. 2.
## Von der Erkentnißart,
### die allein metaphysisch heissen kan.

#### a)
## Von dem Unterschiede synthetischer und analytischer Urtheile überhaupt.

Metaphysische Erkentniß muß lauter Urtheile a priori enthalten, das erfordert das Eigenthümliche ihrer Quellen. Allein Urtheile mögen nun einen Ursprung haben,

ben, welchen sie wollen, oder auch ihrer logischen Form nach, beschaffen seyn wie sie wollen, so giebt es doch einen Unterschied derselben, dem Inhalte nach, vermöge dessen sie entweder blos erläuternd sind, und zum Inhalte der Erkentniß nichts hinzuthun, oder erweiternd, und die gegebene Erkentniß vergrößern; die erstern werden analytische, die zweyten synthetische Urtheile genannt werden können.

Analytische Urtheile sagen im Prädicate nichts, als das, was im Begriffe des Subjects schon wirklich, obgleich nicht so klar und mit gleichem Bewußtseyn gedacht war. Wenn ich sage: alle Körper sind ausgedehnt, so habe ich meinen Begrif vom Körper nicht im mindesten erweitert, sondern ihn nur aufgelöset, indem die Ausdehnung von jenem Begriffe schon vor dem Urtheile, obgleich nicht ausdrücklich gesagt, dennoch wirklich gedacht war; das Urtheil ist also analytisch. Dagegen enthält der Satz: einige Körper sind schwer, etwas im Prädicate, was in dem allgemeinen Begriffe vom Körper nicht wirklich gedacht wird, er vergrössert also meine Erkentniß, indem er zu meinem Begriffe etwas hinzuthut, und muß daher ein synthetisches Urtheil heissen.

### b)
### Das gemeinschaftliche Princip aller analytischen Urtheile ist der Satz des Widerspruchs.

Alle analytische Urtheile beruhen gänzlich auf dem Satze des Widerspruchs, und sind ihrer Natur nach Er-

B 5                                    kennt-

kentniſſe a priori, die Begriffe, die ihnen zur Materie
dienen, mögen empiriſch ſeyn, oder nicht. Denn, weil
das Prädikat eines bejahenden analytiſchen Urtheils ſchon
vorher im Begriffe des Subjects gedacht wird, ſo kan es
von ihm ohne Widerſpruch nicht verneinet werden, eben
ſo wird ſein Gegentheil, in einem analytiſchen, aber verneinenden Urtheile, nothwendig von dem Subject verneinet, und zwar auch zufolge dem Satze des Widerſpruchs.
So iſt es mit denen Sätzen: Jeder Körper iſt ausgedehnt
und kein Körper iſt unausgedehnt (einfach), beſchaffen.

Eben darum ſind auch alle analytiſche Sätze Urtheile
a priori, wenn gleich ihre Begriffe empiriſch ſeyn, z. B.
Gold iſt ein gelbes Metall; denn um dieſes zu wiſſen,
brauche ich keiner weitern Erfahrung, auſſer meinem Begriffe vom Golde, der enthielte, daß dieſer Körper gelb und
Metall ſey: denn dieſes machte eben meinen Begrif aus,
und ich durfte nichts thun, als dieſen zergliedern, ohne
mich auſſer demſelben wornach anders umzuſehen.

c)

## Synthetiſche Urtheile bedürfen ein anderes Prin-<br>cip, als den Satz des Widerſpruchs.

Es giebt ſynthetiſche Urtheile a poſteriori, deren Urſprung empiriſch iſt; aber es giebt auch deren, die a priori
gewiß ſeyn, und die aus reinem Verſtande und Vernunft
entſpringen. Beyde kommen aber darin überein, daß ſie
nach dem Grundſatze der Analyſis, nämlich, dem Satze
des Widerſpruchs allein nimmermehr entſpringen können;

ſie

fie erfordern noch ein ganz anderes Princip, ob fie zwar
aus jedem Grundfaße, welcher er auch fey, jederzeit Dem
Saße des Widerfpruchs gemäß abgeleitet werden
müffen, denn nichts darf diefem Grundfaße zuwider feyn,
obgleich eben nicht alles daraus abgeleitet werden fan.
Ich will die fynthetifchen Urtheile zuvor unter Claffen
bringen.

1) Erfahrungsurtheile find jederzeit fynthetifch.
Denn es wäre ungereimt, ein analytifches Urtheil auf Er=
fahrung zu gründen, da ich doch aus meinem Begriffe gar
nicht hinausgehen darf, um das Urtheil abzufaffen, und
alfo fein Zeugniß der Erfahrung dazu nöthig habe. Daß
ein Körper ausgedehnt fey, ift ein Saß, der a priori
feftfteht, und fein Erfahrungsurtheil. Denn, ehe ich
zur Erfahrung gehe, habe ich alle Bedingungen zu meinem
Urtheile fchon in dem Begriffe, aus welchem ich das Prä=
dicat nach dem Saße des Widerfpruchs nur herausziehen,
und dadurch zugleich der Nothwendigkeit des Urtheils
bewußt werden fan, welche mir Erfahrung nicht einmal
lehren würde.

2) Mathematifche Urtheile find insgefamt fyn=
thetifch. Diefer Saß fcheint den Bemerkungen der Zerglie=
derer der menfchlichen Vernunft bisher ganz entgangen, ja
allen ihren Vermuthungen gerade entgegengefeßt zu feyn,
ob er gleich unwiderfprechlich gewiß, und in der Folge fehr
wichtig ift. Denn weil man fand, daß die Schlüffe der
Mathematiker alle nach dem Saße des Widerfpruchs fort=

geh

gehen, (welches die Natur einer jeden apodictischen Gewiß=
heit erfordert,) so überredete man sich, daß auch die Grund=
sätze aus dem Satze des Widerspruchs erkant würden, wor=
in sie sich sehr irreten; denn ein synthetischer Satz kan al=
lerdings nach dem Satze des Widerspruchs eingesehen wer=
den, aber nur so, daß ein anderer synthetischer Satz vor=
ausgesetzt wird, aus dem er gefolgert werden kan, niemals
aber an sich selbst.

Zuvörderst muß bemerkt werden: daß eigentliche
mathematische Sätze jederzeit Urtheile a priori und nicht
empirisch seyn, weil sie Nothwendigkeit bey sich führen,
welche aus Erfahrung nicht abgenommen werden kan.
Will man mir aber dieses nicht einräumen, wohlan so
schränke ich meinen Satz auf die reine Mathematik ein,
deren Begrif es schon mit sich bringt, daß sie nicht empi=
rische, sondern blos reine Erkentniß a priori enthalte.

Man sollte anfänglich wohl denken: daß der Satz
$7 + 5 = 12$ ein blos analytischer Satz sey, der aus dem
Begriffe einer Summe von Sieben und Fünf nach dem Sa=
tze des Widerspruchs erfolge. Allein, wenn man es nä=
her betrachtet, so findet man, daß der Begrif der Sum=
me von 7 und 5 nichts weiter enthalte, als die Vereini=
gung beyder Zahlen in eine einzige, wodurch ganz und
gar nicht gedacht wird, welches diese einzige Zahl sey, die
beyde zusammenfaßt. Der Begrif von Zwölf ist keineswe=
ges dadurch schon gedacht, daß ich mir blos jene Vereini=
gung von Sieben und Fünf denke, und, ich mag meinen

Be=

Begrif von einer folchen möglichen Summe noch fo lange zergliedern, fo werde ich doch darin die Zwölf nicht antreffen. Man muß über diefe Begriffe hinausgehen, indem man die Anfchauung zu Hülfe nimmt, die einem von beyden correfpondirt, etwa feine fünf Finger, oder (wie Segner in feiner Arithmetif) fünf Puncte, und fo nach und nach die Einheiten der in der Anfchauung gegebenen Fünf zu dem Begriffe der Sieben hinzuthut. Man erweitert alfo wirklich feinen Begrif durch diefen Satz 7 + 5 = 12 und thut zu dem erfteren Begrif einen neuen hinzu, der in jenem gar nicht gedacht war, d. i. der arithmetifche Satz ift jederzeit fynthetifch, welches man defto deutlicher inne wird, wenn man etwas gröffere Zahlen nimmt; da es denn klar einleuchtet, daß, wir möchten unfern Begrif drehen und wenden, wie wir wollen, wir, ohne die Anfchauung zu Hülfe zu nehmen, vermittelft der bloffen Zergliederung unferer Begriffe die Summe niemals finden fönten.

Eben fo wenig ift irgend ein Grundfatz der reinen Geometrie analytifch. Daß die gerade Linie zwifchen zweyen Puncten die kürzefte fey, ift ein fynthetifcher Satz. Denn mein Begrif vom Geraden enthält nichts von Gröffe, fondern nur eine Qualität. Der Begrif des Kürzeften kommt alfo gänzlich hinzu, und kan durch keine Zergliederung aus dem Begriffe der geraden Linie gezogen werden. Anfchauung muß alfo hier zu Hülfe genommen werden, vermittelft deren allein die Synthefis möglich ift.

Ei

Einige andere Grundsätze, welche die Geometer voraussetzen, sind zwar wirklich analytisch und beruhen auf
dem Satze des Widerspruchs, sie dienen aber nur, wie
identische Sätze, zur Kette der Methode und nicht als
Principien, z. B. a = a, das Ganze ist sich selber gleich, oder
(a + b) > a d. i. das Ganze ist grösser als sein Theil. Und
doch auch diese selbst, ob sie gleich nach blossen Begriffen
gelten, werden in der Mathematik nur darum zugelassen,
weil sie in der Anschauung können dargestellet werden.
Was nun hier gemeiniglich glauben macht, als läge das
Prädicat solcher apodictischen Urtheile schon in unserm Begriffe, und das Urtheil sey also analytisch, ist blos die
Zwendeutigkeit des Ausdrucks.   Wir sollen nämlich zu
einem gegebenen Begriffe ein gewisses Prädicat hinzudenken,
und diese Nothwendigkeit haftet schon an den Begriffen.
Aber die Frage ist nicht, was wir zu dem gegebenen Begriffe hinzu Denken sollen, sondern was wir wirklich in ihnen, obzwar nur dunkel, Denken, und da zeigt sich, daß
das Prädicat jenen Begriffen zwar nothwendig, aber nicht
unmittelbar, sondern vermittelst einer Anschauung, die
hinzukommen muß, anhänge.

## §. 3.
## Anmerkung
### zur allgemeinen Eintheilung der Urtheile in
### analytische und synthetische.

Diese Eintheilung ist in Ansehung der Critik des
menschlichen Verstandes unentbehrlich, und verdient daher

in

in ihr claſſiſch zu ſeyn; ſonſt wüßte ich nicht, daß ſie irgend
anderwerts einen beträchtlichen Nutzen hätte.   Und hierin
finde ich auch die Urſache, weswegen dogmatiſche Philo-
ſophen, die die Quellen metaphyſiſcher Urtheile immer nur
in der Metaphyſik ſelbſt, nicht aber auſſer ihr, in den reinen Vernunftgeſetzen überhaupt, ſuchten, dieſe Eintheilung,
die ſich von ſelbſt darzubieten ſcheint, vernachläſſigten,
und wie der berühmte Wolf, oder der ſeinen Fußtapfen
folgende ſcharfſinnige Baumgarten den Beweis von dem
Satze des zureichenden Grundes, der offenbar ſynthetiſch
iſt, im Satze des Widerſpruchs ſuchen konten.   Dagegen
treffe ich ſchon in Lock's Verſuchen über den menſchlichen
Verſtand einen Wink zu dieſer Eintheilung an.   Denn
im vierten Buch, dem dritten Hauptſtück §. 9 u. f. nachdem er ſchon vorher von der verſchiedenen Verknüpfung
der Vorſtellungen in Urtheilen und deren Quellen geredet
hatte, wovon er die eine in der Identität oder Widerſpruch
ſetzt (analytiſche Urtheile), die andere aber in der Exiſtenz
der Vorſtellungen in einem Subject (ſynthetiſche Urtheile),
ſo geſteht er §. 10, daß unſere Erkentniß (a priori) von
der letztern ſehr enge und beynahe gar nichts ſey.   Allein
es herrſcht in dem, was er von dieſer Art der Erkentniß
ſagt, ſo wenig beſtimmtes und auf Regeln gebrachtes,
daß man ſich nicht wundern darf, wenn niemand, ſonder-
lich nicht einmal Hume, Anlaß daher genommen hat,
über Sätze dieſer Art Betrachtungen anzuſtellen.   Denn
dergleichen allgemeine und dennoch beſtimmte Principien

lernt

lernt man nicht leicht von andern, denen fie nur dunkel vor
geschwebt haben. Man muß durch eigenes Nachdenken
zuvor selbst darauf gekommen seyn, hernach findet man
sie auch anderwerts, wo man sie gewiß nicht zuerst würde
angetroffen haben, weil die Verfasser selbst nicht einmal
wußten, daß ihren eigenen Bemerkungen eine solche Idee
zum Grunde liege. Die, so niemals selbst denken, bes
tzen dennoch die Scharfsichtigkeit, alles, nachdem es ihnen
gezeigt worden, in demjenigen, was sonst schon gesagt
worden, aufzuspähen, wo es doch vorher niemand sehen
konte.

## Der
## Prolegomenen
# Allgemeine Frage,
## Ist überall Metaphysik möglich?

### §. 4.

Wäre Metaphysik, die sich als Wissenschaft behaupten
könte, wirklich; könte man sagen: hier ist
Metaphysik, die dürft ihr nur lernen, und sie wird
euch unwiderstehlich und unveränderlich von ihrer Wahrheit überzeugen; so wäre diese Frage unnöthig, und es
bliebe nur diejenige übrig, die mehr eine Prüfung unserer
Scharfsinnigkeit, als den Beweis von der Existenz der
Sache selbst beträfe, nämlich, wie sie möglich sey, und
wie Vernunft es anfange, dazu zu gelangen. Nun ist es

der

der menschlichen Vernunft in diesem Falle so gut nicht geworden. Man kan kein einziges Buch aufzeigen, so wie man etwa einen Euclid vorzeigt, und sagen, das ist Metaphysik, hier findet ihr den vornehmsten Zweck dieser Wissenschaft, das Erkentniß eines höchsten Wesens, und einer künftigen Welt, bewiesen aus Principien der reinen Vernunft. Denn man kann uns zwar viele Sätze aufzeigen, die apodictisch gewiß sind, und niemals bestritten worden; aber diese sind insgesamt analytisch, und betreffen mehr die Materialien und den Bauzeug zur Metaphysik, als die Erweiterung der Erkentniß, die doch unsere eigentliche Absicht mit ihr seyn soll. (§. 2. litt. c.) Ob ihr aber gleich auch synthetische Sätze (z. B. den Satz des zureichenden Grundes) vorzeigt, die ihr niemals aus blosser Vernunft, mithin, wie doch eure Pflicht war, a priori bewiesen habt, die man euch aber doch gerne einräumet: so gerathet ihr doch, wenn ihr euch derselben zu eurem Hauptzwecke bedienen wollt, in so unstatthafte und unsichere Behauptungen, daß zu aller Zeit eine Metaphysik der anderen entweder in Ansehung der Behauptungen selbst oder ihrer Beweise widersprochen, und dadurch ihren Anspruch auf daurenden Beyfall selbst vernichtet hat. So gar sind die Versuche, eine solche Wissenschaft zu Stande zu bringen, ohne Zweifel die erste Ursache des so früh entstandenen Scepticismus gewesen, einer Denkungsart, darin die Vernunft so gewaltthätig gegen sich selbst verfährt, daß diese niemals, als in völliger Verzweiflung an Befriedi-

C

gung

gung in Ansehung ihrer wichtigsten Absichten hätte entstehen können. Denn lange vorher, ehe man die Natur methodisch zu befragen anfing, befrug man blos seine abgesonderte Vernunft, die durch gemeine Erfahrung in gewisser Maasse schon geübt war; weil Vernunft uns doch immer gegenwärtig ist, Naturgesetze aber gemeiniglich mühsam aufgesucht werden müssen: und so schwamm Metaphysik oben auf, wie Schaum, doch so, daß, so wie der, den man geschöpft hatte, zerging, sich sogleich ein anderer auf der Oberfläche zeigte, den immer einige begierig aufsammleten, wobey andere, anstatt in der Tiefe die Ursache dieser Erscheinung zu suchen, sich damit weise dünkten, daß sie die vergebliche Mühe der erstern belachten.

Das Wesentliche und Unterscheidende der reinen mathematischen Erkentniß von aller andern Erkentniß a priori ist, daß sie durchaus nicht aus Begriffen, sondern jederzeit nur durch die Construction der Begriffe (Critik S. 713.) vor sich gehen muß. Da sie also in ihren Sätzen über den Begrif zu demjenigen, was die ihm correspondirende Anschauung enthält, hinausgehen muß: so können und sollen ihre Sätze auch niemals durch Zergliederung der Begriffe, d. i. analytisch, entspringen, und sind daher insgesamt synthetisch.

Ich kan aber nicht umhin, den Nachtheil zu bemerken, den die Vernachläßigung dieser sonst leichten und unbedeutend scheinenden Beobachtung der Philosophie zugezogen hat. Hume, als er den eines Philosophen würdi-

digen Beruf fühlete, seine Blicke auf das ganze Feld der
reinen Erkentniß a priori zu werfen, in welchem sich der
menschliche Verstand so grosse Besitzungen anmaßt, schnitte unbedachtsamer Weise eine ganze und zwar die erheb-
lichste Provinz derselben, nemlich reine Mathematik, davon
ab, in der Einbildung, ihre Natur, und so zu reden ihre
Staatsverfassung, beruhe auf ganz andern Principien,
nämlich, lediglich auf dem Satze des Widerspruchs, und
ob er zwar die Eintheilung der Sätze nicht so förmlich und
allgemein, oder unter der Benennung gemacht hatte, als
es von mir hier geschieht, so war es doch gerade so viel,
als ob er gesagt hätte: reine Mathematik enthält blos
analytische Sätze, Metaphysik aber synthetische a priori. Nun irrete er hierin gar sehr, und dieser Irthum
hatte auf seinen ganzen Begrif entscheidend nachthei-
lige Folgen. Denn wäre das von ihm nicht geschehen,
so hätte er seine Frage, wegen des Ursprungs unserer synthetischen Urtheile, weit über seinen metaphysischen Begrif
der Caufalität erweitert, und sie auch auf die Möglichkeit
der Mathematik a priori ausgedehnt; denn diese mußte
er eben sowol vor synthetisch annehmen. Alsdenn aber
hätte er seine metaphysischen Sätze keineswreges auf blosse
Erfahrung gründen können, weil er sonst die Axiomen der
reinen Mathematik ebenfalls der Erfahrung unterworfen
haben würde, welches zu thun er viel zu einsehend war.
Die gute Gesellschaft, worin Methaphysik alsdenn zu stehen gekommen wäre, hätte sie wider die Gefahr einer

schnö-

schnöden Mishandlung gesichert, denn die Streiche, welche der letztern zugedacht waren, hätten die erstere auch treffen müssen, welches aber seine Meinung nicht war, auch nicht seyn konnte: und so wäre der scharfsinnige Mann in Betrachtungen gezogen worden, die denjenigen hätten ähnlich werden müssen, womit wir uns jetzt beschäftigen, die aber durch seinen unnachahmlich schönen Vortrag uns endlich würde gewonnen haben.

Eigentlich metaphysische Urtheile sind insgesamt synthetisch. Man muß zur Metaphysik gehörige von eigentlich metaphysischen Urtheilen unterscheiden. Unter jenen sind sehr viele analytisch, aber sie machen nur die Mittel zu metaphysischen Urtheilen aus, auf die der Zweck der Wissenschaft ganz und gar gerichtet ist, und die allemal synthetisch seyn. Denn wenn Begriffe zur Metaphysik gehören, z. B. von der Substanz, so gehören die Urtheile, die aus der blossen Zergliederung derselben entspringen, auch nothwendig zur Methaphysik, z. B. Substanz ist dasjenige, was nur als Subject existirt ꝛc. und vermittelst mehrerer dergleichen analytischen Urtheile suchen wir der Definition der Begriffe nahe zu kommen. Da aber die Analysis eines reinen Verstandesbegrifs (dergleichen die Metaphysik enthält) nicht auf andere Art vor sich geht, als die Zergliederung jedes andern auch empirischen Begrifs, der nicht in die Metaphysik gehört (z. B. Luft ist eine elastische Flüssigkeit, deren Elasticität durch keinen bekanten Grad der Kälte aufgehoben wird), so ist zwar der

Be-

Begrif, aber nicht das analytische Urtheil eigenthümlich me-
taphyſiſch: denn dieſe Wiſſenſchaft hat etwas beſonderes
und ihr eigenthümliches in der Erzeugung ihrer Erkentniſſe a priori; die alſo von dem, was ſie mit allen andern
Verſtandeserkentniſſen gemein hat, muß unterſchieden werden; ſo iſt z. B. der Satz: alles, was in den Dingen
Subſtanz iſt, iſt beharrlich, ein ſynthetiſcher und eigenthümlich metaphyſiſcher Satz. *74.

Wenn man die Begriffe a priori, welche die Materie der Metaphyſik und ihr Bauzeug ausmachen, zuvor
nach gewiſſen Principien geſammlet hat, ſo iſt die Zergliederung dieſer Begriffe von groſſem Werthe; auch kan dieſelbe als ein beſonderer Theil (gleichſam als philoſophia
definitiua), der lauter analytiſche zur Metaphyſik gehörige
Sätze enthält, von allen ſynthetiſchen Sätzen, die die Metaphyſik ſelbſt ausmachen, abgeſondert vorgetragen werden.
Denn in der That haben jene Zergliederungen nirgend anders einen beträchtlichen Nutzen, als in der Metaphyſik,
d. i. in Abſicht auf die ſynthetiſchen Sätze, die aus jenen
zuerſt zergliederten Begriffen ſollen erzeugt werden.

Der Schluß dieſes Paragraphs iſt alſo: daß Metaphyſik es eigentlich mit ſynthetiſchen Sätzen a priori zu
thun habe, und dieſe allein ihren Zweck ausmachen, zu
welchem ſie zwar allerdings mancher Zergliederungen ihrer
Begriffe, mithin analytiſcher Urtheile bedarf, wobey aber
das Verfahren nicht anders iſt, als in jeder andern Erkenntnißart, wo man ſeine Begriffe durch Zergliederung

C 3          blos

blos deutlich zu machen sucht. Allein die Erzeugung der
Erkentniß a priori sowol der Anschauung als Begriffen
nach, endlich auch synthetischer Sätze a priori, und zwar
im philosophischen Erkentnisse, machen den wesentlichen
Inhalt der Metaphysik aus.

Ueberdrüssig also des Dogmatismus, der uns nichts
lehrt und zugleich des Scepticismus, der uns gar überall
nichts verspricht, auch nicht einmal den Ruhestand einer
erlaubten Unwissenheit, aufgefordert durch die Wichtigkeit
der Erkentniß, deren wir bedürfen, und mistrauisch durch
lange Erfahrung in Ansehung jeder, die wir zu besitzen
glauben, oder die sich uns unter dem Titel der reinen
Vernunft anbietet, bleibt uns nur noch eine critische Frage übrig, nach deren Beantwortung wir unser künftiges
Betragen einrichten können: Ist überall Metaphysik
möglich? Aber diese Frage muß nicht durch sceptische
Einwürfe gegen gewisse Behauptungen einer wirklichen Metaphysik (denn wir lassen jetzt noch keine gelten) sondern aus
dem nur noch problematischen Begriffe einer solchen Wissenschaft beantwortet werden.

In der Critik der reinen Vernunft bin ich in
Absicht auf diese Frage synthetisch zu Werke gegangen,
nämlich so, daß ich in der reinen Vernunft selbst forschte,
und in dieser Quelle selbst die Elemente sowol, als auch die
Gesetze ihres reinen Gebrauchs nach Principien zu bestimmen
suchte. Diese Arbeit ist schwer, und erfordert einen ent-
schlossenen Leser, sich nach und nach in ein System hinein

zu

synthetische Erkentniß a priori, und dürfen nicht fragen, ob sie möglich sey, (denn sie ist wirklich) sondern nur wie sie möglich sey, um aus dem Princip der Möglichkeit der gegebenen auch die Möglichkeit aller übrigen ableiten zu können.

# Prolegomena.

## Allgemeine Frage,

### Wie ist Erkentniß aus reiner Vernunft möglich?

#### §. 5.

Wir haben oben den mächtigen Unterschied der analytischen und synthetischen Urtheile gesehen. Die Möglichkeit analytischer Sätze konte sehr leicht begriffen werden; denn sie gründet sich lediglich auf dem Satz des Widerspruchs. Die Möglichkeit synthetischer Sätze a posteriori, d. i. solcher, welche aus der Erfahrung geschöpft werden, bedarf auch keiner besondern Erklärung; denn Erfahrung ist selbst nichts anders, als eine continuirliche Zusammenfügung (Synthesis) der Wahrnehmungen. Es bleiben uns also nur synthetische Sätze a priori übrig, deren Möglichkeit gesucht oder untersucht werden muß, weil sie auf anderen Principien, als dem Satze des Widerspruchs, beruhen muß.

Wie

Wir dürfen aber die Möglichkeit solcher Sätze hier
nicht zuerst suchen, d. i. fragen, ob sie möglich seyn. Denn
es sind deren genug, und zwar mit unstreitiger Gewißheit
wirklich gegeben, und, da die Methode, die wir jetzt be-
folgen, analytisch seyn soll, so werden wir davon anfangen: daß dergleichen synthetische, aber reine Vernunfter-
kentniß wirklich sey; aber alsdenn müssen wir den Grund
dieser Möglichkeit dennoch untersuchen, und fragen, wie
diese Erkentniß möglich sey, damit wir aus den Principien
ihrer Möglichkeit die Bedingungen ihres Gebrauchs, den
Umfang und die Grenzen desselben zu bestimmen in Stand
gesetzt werden. Die eigentliche mit schulgerechter Präcision
ausgedruckte Aufgabe, auf die alles ankömmt, ist also:

Wie sind synthetische Sätze a priori möglich?

Ich habe sie oben, der Popularität zu Gefallen, etwas anders, nämlich als eine Frage nach dem Erkentniß
aus reiner Vernunft, ausgedruckt, welches ich dieses mal
ohne Nachtheil der gesuchten Einsicht wohl thun konte,
weil, da es hier doch lediglich um die Metaphysik und deren Quellen zu thun ist, man, nach den vorher gemach-
ten Erinnerungen, sich, wie ich hoffe, jederzeit erinnern
wird: daß, wenn wir hier von Erkenntniß aus reiner Vernunft reden, niemals von der analytischen, sondern lediglich der synthetischen die Rede sey. *)

C 5　　　　　Auf

*) Es ist unmöglich zu verhüten, daß, wenn die Erkentniß nach
und nach weiter fortrückt, nicht gewisse schon classisch gewordne
Aus-

Auf die Auflösung dieser Aufgabe nun kommt das Stehen oder Fallen der Methaphysik, und also ihre Existenz gänzlich an. Es mag jemand seine Behauptungen in derselben mit noch so grossem Schein vortragen, Schlüsse auf Schlüsse bis zum Erdrücken aufhäufen, wenn er nicht vorher jene Frage hat genugthuend beantworten können, so habe ich Recht zu sagen: es ist alles eitele grundlose Philosophie und falsche Weisheit. Du sprichst durch reine Vernunft, und maassest dir an, a priori Erkentnisse gleichsam zu erschaffen, indem du nicht blos gegebene Begriffe zergliederst, sondern neue Verknüpfungen vorgiebst, die nicht auf dem Satze des Widerspruchs beruhen, und die du doch so ganz unabhängig von aller Erfahrung einzusehen vermeinest; wie kommst du nun hiezu, und wie willst du dich wegen solcher Anmaassungen rechtfertigen?

Dich

---

Ausdrücke, die noch von dem Kindheitsalter der Wissenschaft her sind, in der Folge sollten unzureichend und übel anpassend gefunden werden, und ein gewisser neuer und mehr angemessener Gebrauch mit dem Alten in einige Gefahr der Verwechselung gerathen sollte. Analytische Methode, sofern sie der synthetischen entgegengesetzt ist, ist ganz was anderes, als ein Inbegrif analytischer Sätze: sie bedeutet nur, daß man von dem, was gesucht wird, als ob es gegeben sey, ausgeht und zu den Bedingungen aufsteigt, unter denen es allein möglich. In dieser Lehrart bedienet man sich öfters lauter synthetischer Säze, wie die mathematische Analysis davon ein Beyspiel giebt, und sie könte besser die regressive Lehrart, zum Unterschiede von der synthetischen oder progressiven, heissen. Noch komt der Name Analytik auch als ein Hauptheil der Logik vor, und da ist es die Logik der Wahrheit, und wird der Dialektik entgegengesetzt, ohne eigentlich darauf zu sehen, ob die zu jener gehörigen Erkentnisse analytisch oder synthetisch seyn.

Dich auf Beystimmung der allgemeinen Menschenvernunft zu berufen, kan dir nicht gestattet werden; denn das ist ein Zeuge, dessen Ansehen nur auf dem öffentlichen Gerüchte beruht.

Quodcunque ostendis mihi sic, incredulus odi.

*Horat.*

So unentbehrlich aber die Beantwortung dieser Frage ist, so schwer ist sie doch zugleich, und, obzwar die vornehmste Ursache, weswegen man sie nicht schon längst zu beantworten gesucht hat, darin liegt, daß man sich nicht einmal hat einfallen lassen, daß so etwas gefragt werden könne, so ist doch eine zweyte Ursache diese, daß eine gnugthuende Beantwortung dieser einen Frage ein weit anhaltenderes, tieferes, und mühsameres Nachdenken erfordert, als jemals das weitläuftigste Werk der Metaphysik, das bey der ersten Erscheinung seinem Verfasser Unsterblichkeit versprach. Auch muß ein jeder einsehender Leser, wenn er diese Aufgabe nach ihrer Foderung sorgfältig überdenkt, anfangs durch ihre Schwierigkeit erschreckt, sie vor unauflöslich, und gäbe es nicht wirklich dergleichen reine synthetische Erkentnisse a priori, sie ganz und gar vor unmöglich halten, welches dem David Hume wirklich begegnete, ob er sich zwar die Frage bey weitem nicht in solcher Allgemeinheit vorstellete, als es hier geschieht und geschehen muß, wenn die Beantwortung vor die ganze Methaphysik entscheidend werden soll. Denn, wie ist es möglich, sagte der scharfsinni-

ge

ge Mann: daß, wenn mir ein Begrif gegeben ist, ich über denselben hinausgehen, und einen andern damit verknüpfen kan, der in jenem gar nicht enthalten ist, und zwar so, als wenn dieser nothwendig zu jenem gehöre? Nur Erfahrung kan uns solche Verknüpfungen an die Hand geben, (so schloß er aus jener Schwierigkeit, die er vor Unmöglichkeit hielt) und alle jene vermeintliche Nothwendigkeit, oder welches einerley ist, davor gehaltene Erkenntniß a priori, ist nichts als eine lange Gewohnheit, etwas wahr zu finden, und daher die subjective Nothwendigkeit vor objectiv zu halten.

Wenn der Leser sich über Beschwerde und Mühe beklagt, die ich ihm durch die Auflösung dieser Aufgabe machen werde, so darf er nur den Versuch anstellen, sie auf leichtere Art selbst aufzulösen. Vielleicht wird er sich alsdenn demjenigen verbunden halten, der eine Arbeit von so tiefer Nachforschung für ihn übernommen hat, und wohl eher über die Leichtigkeit, die nach Beschaffenheit der Sache der Auflösung noch hat gegeben werden können, einige Verwunderung merken lassen, auch hat es Jahre lang Bemühung gekostet, um diese Aufgabe in ihrer ganzen Allgemeinheit (in dem Verstande, wie die Mathematiker dieses Wort nehmen, nämlich hinreichend vor alle Fälle) aufzulösen, und sie auch endlich in analytischer Gestalt, wie der Leser sie hier antreffen wird, darstellen zu können.

Alle Metaphysiker sind demnach von ihren Geschäften feyerlich und gesetzmässig so lange suspendirt, bis sie die

Fra

Frage: Wie sind synthetische Erkentnisse a priori möglich? gnugthuend werden beantwortet haben. Denn in dieser Beantwortung allein besteht das Kreditiv, welches sie vorzeigen mußten, wenn sie im Namen der reinen Vernunft etwas bey uns anzubringen haben; in Ermangelung desselben aber können sie nichts anders erwarten, als von Vernünftigen, die so oft schon hintergangen worden, ohne alle weitere Untersuchung ihres Anbringens, abgewiesen zu werden.

Wollten sie dagegen ihr Geschäfte nicht als Wissenschaft, sondern als eine Kunst heilsamer und dem allgemeinen Menschenverstande anpassender Ueberredungen, treiben, so kan ihnen dieses Gewerbe nach Billigkeit nicht verwehrt werden. Sie werden alsdenn die bescheidene Sprache eines vernünftigen Glaubens führen, sie werden gestehen, daß es ihnen nicht erlaubt sey, über das, was jenseit der Grenzen aller möglichen Erfahrung hinausliegt, auch nur einmal zu muthmaßen, geschweige etwas zu wissen, sondern nur etwas (nicht zum speculativen Gebrauche, denn auf den müssen sie Verzicht thun, sondern lediglich zum practischen) anzunehmen, was zur Leitung des Verstandes und Wilens im Leben möglich und sogar unentbehrlich ist. So allein werden sie den Namen nützlicher und weiser Männer führen können, um desto mehr, je mehr sie auf den der Metaphysiker Verzicht thun; denn diese wollen speculative Philosophen seyn, und da, wenn es um Urtheile a priori zu thun ist, man es auf schaale

Wahr-

Wahrſcheinlichkeiten nicht ausſeßen kan, (denn was dem
Vorgeben nach a priori erkant wird, wird eben dadurch
als nothwendig angekündigt) ſo kan es ihnen nicht erlaubt
ſeyn, mit Muthmaſſungen zu ſpielen, ſondern ihre Behauptung muß Wiſſenſchaft ſeyn, oder ſie iſt überall gar
nichts.

Man kan ſagen, daß die ganze Transſcendentalphiloſophie, die vor aller Methaphyſik nothwendig vorhergeht,
ſelbſt nichts anders, als blos die vollſtändige Auflöſung
der hier vorgelegten Frage ſey, nur in ſyſtematiſcher Ordnung und Ausführlichkeit, und man habe alſo bis jeßt
keine Transſcendentalphiloſophie : Denn, was den Namen davon führt, iſt eigentlich ein Theil der Methaphyſik;
jene Wiſſenſchaft ſoll aber die Möglichkeit der leßteren zuerſt
ausmachen, und muß alſo vor aller Methaphyſik vorhergehen. Man darf ſich alſo auch nicht wundern, da eine
ganze und zwar aller Beyhülfe aus andern beraubte, mithin an ſich ganz neue Wiſſenſchaft nöthig iſt, um nur eine
einzige Frage hinreichend zu beantworten, wenn die Auflöſung derſelben mit Mühe und Schwierigkeit, ja ſogar
mit einiger Dunkelheit verbunden iſt.

Indem wir jeßt zu dieſer Auflöſung ſchreiten, und
zwar nach analytiſcher Methode, in welcher wir vorausſe-
ßen, daß ſolche Erkentniſſe aus reiner Vernunft wirklich
ſeyn: ſo können wir uns nur auf zwey Wiſſenſchaften
der theoretiſchen Erkentniß (als von der allein hier die Rede iſt) berufen, nämlich reine Mathematik und reine

Na-

Naturwiſſenſchaft, denn nur dieſe können uns die Gegenſtände in der Anſchauung darſtellen, mithin, wenn etwa in ihnen eine Erkentniß a priori vorkäme, die Wahrheit, oder Uebereinſtimmung derſelben mit dem Objecte,
in concreto, d. i. ihre Wirklichkeit zeigen, von der
alsdenn zu dem Grunde ihrer Möglichkeit auf dem analytiſchen Wege fortgegangen werden könte.  Dies erleichtert
das Geſchäfte ſehr, in welchem die allgemeine Betrachtungen nicht allein auf Facta angewandt werden, ſondern ſogar von ihnen ausgehen, anſtatt daß ſie in ſynthetis-
ſchem Verfahren gänzlich in abſtracto aus Begriffen abgeleitet werden müſſen.

Um aber von dieſen wirklichen und zugleich gegründeten reinen Erkenntniſſen a priori zu einer möglichen, die
wir ſuchen, nämlich einer Metaphyſik, als Wiſſenſchaft,
aufzuſteigen, haben wir nöthig, das, was ſie veranlaßt,
und als blos natürlich gegebene, obgleich wegen ihrer
Wahrheit nicht unverdächtige, Erkenntniß a priori jener
zum Grunde liegt, deren Bearbeitung ohne alle critiſche
Unterſuchung ihrer Möglichkeit gewöhnlicher Maßen ſchon
Metaphyſik genant wird, mit einem Worte die Naturanlage zu einer ſolchen Wiſſenſchaft unter unſerer Hauptfrage mit zu begreifen, und ſo wird die transſcendentale
Hauptfrage in vier andere Fragen zertheilt nach und nach
beantwortet werden.

1) Wie

1) Wie ist reine Mathematik möglich?

2) Wie ist reine Naturwissenschaft möglich?

3) Wie ist Metaphysik überhaupt möglich?

4) Wie ist Metaphysik als Wissenschaft möglich?

Man siehet, daß, wenn gleich die Auflösung dieser Aufgaben hauptsächlich den wesentlichen Inhalt der Critik darstellen soll, sie dennoch auch etwas Eigenthümliches habe, welches auch vor sich allein der Aufmerksamkeit würdig ist, nämlich zu gegebenen Wissenschaften die Quellen in der Vernunft selbst zu suchen, um dadurch dieser ihr Vermögen, etwas a priori zu erkennen, vermittelst der That selbst zu erforschen und auszumessen; wodurch denn diese Wissenschaften selbst, wenn gleich nicht in Ansehung ihres Inhalts, doch, was ihren richtigen Gebrauch betrift, gewinnen, und, indem sie einer höheren Frage wegen ihres gemeinschaftlichen Ursprungs, Licht verschaffen, zugleich Anlaß geben, ihre eigene Natur besser aufzuklären.

## Der transscendentalen Hauptfrage

### Erster Theil.

## Wie ist reine Mathematik möglich?

#### §. 6.

Hier ist nun eine grosse und bewährte Erkentniß, die schon jetzt von bewundernswürdigem Umfange ist,

und

und unbegrenzte Ausbreitung auf die Zukunft verspricht, die durch und durch apodictische Gewißheit, d. i. absolute Nothwendigkeit, bey sich führet, also auf keinen Erfahrungsgründen beruht, mithin ein reines Product der Vernunft, überdem aber durch und durch synthetisch ist; „wie ist es nun der menschlichen Vernunft möglich, eine solche Erkenntniß gänzlich a priori zu Stande zu bringen?„ Setzt dieses Vermögen, da es sich nicht auf Erfahrung fußt, noch fußen kan, nicht irgend einen Erkenntnißgrund a priori voraus, der tief verborgen liegt, der sich aber durch diese seine Wirkungen offenbaren dürfte, wenn man den ersten Anfängen derselben nur fleissig nachspürete?

### §. 7.

Wir finden aber, daß alle mathematische Erkenntniß dieses Eigenthümliche habe, daß sie ihren Begrif vorher in der Anschauung, und zwar a priori mithin einer solchen, die nicht empirisch, sondern reine Anschauung ist, darstellen müsse, ohne welches Mittel sie nicht einen einzigen Schritt thun kan; daher ihre Urtheile jederzeit intuitiv sind, an statt daß Philosophie sich mit discursiven Urtheilen aus blossen Begriffen begnügen, und ihre apodictische Lehren wol durch Anschauung erläutern, niemals aber daher ableiten kan. Diese Berbachtung in Ansehung der Natur der Mathematik giebt uns nun schon eine Leitung auf die erste und oberste Bedingung ihrer Möglichkeit: nämlich, es muß ihr irgend eine reine Anschauung zum

D                          Grun-

Grunde liegen, in welcher sie alle ihre Begriffe in concreto, und dennoch a priori darstellen, oder, wie man es nennt, sie construiren kan. *) Können wir diese reine Anschauung, und die Möglichkeit einer solchen ausfinden, so erklärt sich daraus leicht, wie synthetische Säße a priori, in der reinen Mathematik, und mithin auch, wie diese Wissenschaft selbst möglich sey; denn, so wie die empirische Anschauung es ohne Schwierigkeit möglich macht, daß wir unseren Begrif, den wir uns von einem Object der Anschauung machen, durch neue Prädicate, die die Anschauung selbst darbietet, in der Erfahrung synthetisch erweitern, so wird es auch die reine Anschauung thun, nur mit dem Unterschiede: daß im leßtern Falle das synthetische Urtheil a priori gewiß und apodictisch, im ersteren aber nur a posteriori und empirisch gewiß seyn wird, weil diese nur das enthält, was in der zufälligen empirischen Anschauung angetroffen wird, jene aber, was in der reinen nothwendig angetroffen werden muß, indem sie als Anschauung a priori, mit dem Begriffe vor aller Erfahrung oder einzelnen Wahrnehmung unzertrennlich verbunden ist.

## §. 3.

Allein die Schwierigkeit scheint bey diesem Schritte eher zu wachsen, als abzunehmen. Denn nunmehro lautet die Frage: wie ist es möglich, etwas a priori anzuschauen? Anschauung ist eine Vorstellung, so wie sie uns

*) Siehe Kritik S. 713.

unmittelbar von der Gegenwart des Gegenstandes abhän=
gen würde. Daher scheinet es unmöglich, a priori ur=
sprünglich anzuschauen, weil die Anschauung alsdenn oh=
ne einen weder vorher, noch jetzt gegenwärtigen Gegen=
stand, worauf sie sich bezöge, stattfinden müßte, und als
so nicht Anschauung seyn könte. Begriffe sind zwar von
der Art, daß wir uns einige derselben, nämlich die, so
nur das Denken eines Gegenstandes überhaupt enthalten,
ganz wohl a priori machen können, ohne daß wir uns in
einem unmittelbaren Verhältnisse zum Gegenstande befän=
den, z. B. den Begrif von Grösse, von Ursach rc. aber
selbst diese bedürfen doch, um ihnen Bedeutung und Sinn
zu verschaffen, einen gewissen Gebrauch in concreto, d. i.
Anwendung auf irgend eine Anschauung, dadurch uns ein
Gegenstand derselben gegeben wird. Allein wie kan An=
schauung des Gegenstandes vor dem Gegenstande selbst vor=
hergehen?

### §. 9.

Müßte unsre Anschauung von der Art seyn, daß sie
Dinge vorstellte, so wie sie an sich selbst sind, so würde
gar keine Anschauung a priori stattfinden, sondern sie
wäre allemal empirisch. Denn was in dem Gegenstande
an sich selbst enthalten sey, kan ich nur wissen, wenn er
mir gegenwärtig und gegeben ist. Freylich ist es auch als=
denn unbegreiflich, wie die Anschauung einer gegenwärtigen
Sache mir diese sollte zu erkennen geben, wie sie an sich ist,

da

da ihre Eigenschaften nicht in meine Vorstellungskraft hin-
über wandern können; allein die Möglichkeit davon eingeräumt, so würde doch dergleichen Anschauung nicht a priori stattfinden, d. i. ehe mir noch der Gegenstand vorgestellt würde: denn ohne das kan kein Grund der Beziehung meiner Vorstellung auf ihn erdacht werden, sie müßte denn auf Eingebung beruhen. Es ist also nur auf eine
einzige Art möglich, daß meine Anschauung vor der Wirklichkeit des Gegenstandes vorhergehe, und als Erkentniß
a priori stattfinde, wenn sie nämlich nichts anders
enthält, als die Form der Sinnlichkeit, die in
meinem Subject vor allen wirklichen Eindrücken
vorhergeht, dadurch ich von Gegenständen afficirt
werde. Denn daß Gegenstände der Sinne dieser Form
der Sinnlichkeit gemäß allein angeschaut werden können,
kan ich a priori wissen. Hieraus folgt: daß Sätze, die
blos diese Form der sinnlichen Anschauung betreffen, von
Gegenständen der Sinne möglich und gültig seyn werden,
imgleichen umgekehrt, daß Anschauungen, die a priori
möglich seyn, niemals andere Dinge, als Gegenstände
unsrer Sinne betreffen können.

### §. 10.

Also ist es nur die Form der sinnlichen Anschauung,
dadurch wir a priori Dinge anschauen können, wodurch
wir aber auch die Objecte nur erkennen, wie sie uns (unsern
Sinnen) erscheinen können, nicht wie sie an sich seyn mögen,

gen, und diese Vorausseßung ist schlechterdings nothwendig, wenn synthetische Säße a priori als möglich eingeräumt, oder im Falle sie wirklich angetroffen werden, ihre Möglichkeit begriffen und zum voraus bestimmt werden soll.

Nun sind Raum und Zeit diejenigen Anschauungen,
welche die reine Mathematik allen ihren Erkentnissen, und
Urtheilen, die zugleich als apodictisch und nothwendig auftreten, zum Grunde legt; denn Mathematik muß alle ihre
Begriffe zuerst in der Anschauung, und reine Mathematik
in der reinen Anschauung darstellen, d. i. sie construiren,
ohne welche (weil sie nicht analytisch, nämlich durch Zergliederung der Begriffe, sondern synthetisch verfahren kan)
es ihr unmöglich ist, einen Schritt zu thun, so lange ihr
nämlich reine Anschauung fehlt, in der allein der Stoff zu
synthetischen Urtheilen a priori gegeben werden kan. Geometrie legt die reine Anschauung des Raums zum Grunde.
Arithmetik bringt selbst ihre Zahlbegriffe durch successive
Hinzuseßung der Einheiten in der Zeit zu Stande, vornemlich aber reine Mechanik kann ihre Begriffe von Bewegung
nur vermittelst der Vorstellung der Zeit zu Stande bringen.
Beyde Vorstellungen aber sind blos Anschauungen; denn
wenn man von den empirischen Anschauungen der Körper
und ihrer Veränderungen (Bewegung) alles Empirische,
nämlich was zur Empfindung gehört, wegläßt, so bleiben
noch Raum und Zeit übrig, welche also reine Anschauungen sind, die jenen a priori zum Grunde liegen, und da-

D 3

her

her selbst niemals weggelassen werden können, aber eben dadurch, daß sie reine Anschauungen a priori sind, beweisen, daß sie bloße Formen unserer Sinnlichkeit sind, die vor aller empirischen Anschauung, d. i. der Wahrnehmung wirklicher Gegenstände, vorhergehen müssen, und denen gemäß Gegenstände a priori erkant werden können, aber freylich nur, wie sie uns erscheinen.

### §. 11.

Die Aufgabe des gegenwärtigen Abschnitts ist also aufgelöset. Reine Mathematik ist, als synthetische Erkentniß a priori, nur dadurch möglich, daß sie auf keine andere als bloße Gegenstände der Sinne geht, deren empirischer Anschauung eine reine Anschauung (des Raums und der Zeit) und zwar a priori zum Grunde liegt, und darum zum Grunde liegen kan, weil diese nichts anders als die bloße Form der Sinnlichkeit ist, welche vor der wirklichen Erscheinung der Gegenstände vorhergeht, indem sie dieselbe in der That allererst möglich macht. Doch betrift dieses Vermögen, a priori anzuschauen, nicht die Materie der Erscheinung, d. i. das, was in ihr Empfindung ist, denn diese macht das Empirische aus, sondern nur die Form derselben Raum und Zeit. Wollte man im mindesten daran zweifeln, daß beyde gar keine den Dingen an sich selbst, sondern nur bloße ihrem Verhältnisse zur Sinnlichkeit anhängende Bestimmungen seyn, so möchte ich gerne wissen, wie man es möglich finden kan, a priori, und also

vor

vor aller Bekantschaft mit den Dingen, ehe sie nämlich
uns gegeben sind, zu wissen, wie ihre Anschauung beschaf-
sen seyn müsse, welches doch hier der Fall mit Raum und
Zeit ist. Dieses ist aber ganz begreiflich, so bald beyde vor
nichts weiter, als formale Bedingungen unserer Sinnlichkeit, die Gegenstände aber blos vor Erscheinungen gelten,
denn alsdenn kan die Form der Erscheinung d. i. die reine Anschauung allerdings aus uns selbst d. i. a priori vorgestellt werden.

### §. 12.

Um etwas zur Erläuterung und Bestätigung beyzufügen, darf man nur das gewöhnliche und unumgänglich
nothwendige Verfahren der Geometern ansehen. Alle Beweise von durchgängiger Gleichheit zweyer gegebenen Figuren (da eine in allen Stücken an die Stelle der andern
gesetzt werden kan) laufen zuletzt darauf hinaus, daß sie
einander decken; welches offenbar nichts anders, als ein
auf der unmittelbaren Anschauung beruhenden synthetischer
Satz ist, und diese Anschauung muß rein und a priori gegeben werden, denn sonst könte jener Satz nicht vor apodictisch gewiß gelten, sondern hätte nur empirische Gewißheit. Es würde nur heissen: man bemerkt es jederzeit
so, und er gilt nur so weit, als unsre Wahrnehmung bis
dahin sich erstreckt hat. Daß der vollständige Raum (der
selbst keine Grenze eines anderen Raumes mehr ist) drey
Abmessungen habe, und Raum überhaupt auch nicht mehr

D 4                                                        ders

derselben haben könne, wird auf den Satz gebaut, daß sich in einem Puncte nicht mehr als drey Linien rechtwinklicht schneiden können; dieser Satz aber kann gar nicht aus Begriffen dargethan werden, sondern beruht unmittelbar auf Anschauung, und zwar reiner a priori, weil er apodictisch gewiß ist, daß man verlangen kan, eine Linie solle ins Unendliche gezogen (in indefinitum), oder eine Reihe Veränderungen (z. B.) durch Bewegung zurückgelegte Räume) solle ins Unendliche fortgesetzt werden, setzt doch eine Vorstellung des Raumes und der Zeit voraus, die blos an der Anschauung hängen kan, nämlich so fern sie an sich durch nichts begrenzt ist; denn aus Begriffen könte sie nie geschlossen werden. Also liegen doch wirklich der Mathematik reine Anschauungen a priori zum Grunde, welche ihre synthetische und apodictisch geltende Sätze möglich machen, und daher erklärt unsere transscendentale Deduction der Begriffe im Raum und Zeit zugleich die Möglichkeit einer reinen Mathematik, die, ohne eine solche Deduction, und, ohne daß wir annehmen, „alles, was unsern Sinnen gegeben werden mag (den äusseren im Raume, dem inneren in der Zeit), werde von uns nur angeschauet, wie es uns erscheinet, nicht wie es an sich selbst ist,‟ zwar eingeräumt, aber keinesweges eingesehen werden könte.

## §. 13.

Diejenigen, welche noch nicht von dem Begriffe loskommen können, als ob Raum und Zeit wirkliche Beschaffen-

fenheiten wären, die den Dingen an sich selbst anhingen,
können ihre Scharffinnigkeit an folgendem Paradoxon üben,
und, wenn sie dessen Auflösung vergebens versucht haben,
wenigstens auf einige Augenblicke von Vorurtheilen frey,
vermuthen, daß doch vielleicht die Abwürdigung des Rau=
mes und der Zeit zu blossen Formen unsrer sinnlichen Ans
schauung Grund haben möge.

Wenn zwey Dinge in allen Stücken, die an jedem vor
sich nur immer können erkant werden (in allen zur Grösse
und Qualität gehörigen Bestimmungen) völlig einerley sind,
so muß doch folgen, daß eins in allen Fällen und Bezies
hungen an die Stelle des andern könne gesetzt werden, ohs
ne daß diese Vertauschung den mindesten kenntlichen Unters
schied verursachen würde. In der That verhält sich dies
auch so mit ebenen Figuren in der Geometrie; allein vers
schiedene sphärische zeigen, ohnerachtet jener völligen ins
nern Uebereinstimmung, doch eine solche im äusseren Vers
hältniß, daß sich eine an die Stelle der andern gar nicht
setzen läßt, z. B. zwey sphärische Triangel von beyden Hes
misphären, die einen Bogen des Aequators zur gemeins
schaftlichen Basis haben, können völlig gleich seyn, in Ans
sehung der Seiten sowohl als Winkel, so daß an keinem,
wenn er allein und zugleich vollständig beschrieben wird,
nichts angetroffen wird, was nicht zugleich in der Beschreis
bung des andern läge, und dennoch kan einer nicht an die
Stelle des andern (nämlich auf dem entgegengesetzten Hes
misphär) gesetzt werden, und hier ist denn doch eine innes

re

re Verschiedenheit beyder Triangel, die kein Verstand als
innerlich angeben kan, und die sich nur durch das äussere
Verhältniß in Raume offenbaret. Allein ich will gewöhn=
lichere Fälle anführen, die aus dem gemeinen Leben ge=
nommen werden können.

Was kan wohl meiner Hand oder meinem Ohr ähn=
licher, und in allen Stücken gleicher seyn, als ihr Bild
im Spiegel? Und dennoch kan ich eine solche Hand, als
im Spiegel gesehen wird, nicht an die Stelle ihres Urbildes
setzen; denn wenn dieses eine rechte Hand war, so ist jene
im Spiegel eine linke, und das Bild des rechten Ohres
ist ein linkes, das nimmermehr die Stelle des ersteren ver=
treten kan. Nun sind hier keine innre Unterschiede, die
irgend ein Verstand nur denken könte; und dennoch sind
die Unterschiede innerlich, so weit die Sinne lehren, denn
die linke Hand kan mit der rechten, ohnerachtet aller bey=
derseitigen Gleichheit und Aehnlichkeit, doch nicht zwischen
denselben Grenzen eingeschlossen seyn, (sie können nicht con=
gruiren) der Handschuh der einen Hand kan nicht auf der
andern gebraucht werden. Was ist nun die Auflösung?
Diese Gegenstände sind nicht etwa Vorstellungen der Dinge,
wie sie an sich selbst sind, und wie sie der pure Verstand
erkennen würde, sondern es sind sinnliche Anschauungen,
d. i. Erscheinungen, deren Möglichkeit auf dem Verhält=
nisse gewisser an sich unbekanten Dinge zu etwas ande=
rem, nämlich unserer Sinnlichkeit beruht. Von dieser ist
nun der Raum die Form der äussern Anschauung, und
                                                      die

die innere Bestimmung eines jeden Raumes ist nur durch
die Bestimmung des äusseren Verhältnisses zu dem ganzen
Raume, davon jener ein Theil ist, (dem Verhältnisse zum
äusseren Sinne) d. i. der Theil ist nur durchs Ganze mög=
lich, welches bey Dingen an sich selbst, als Gegenständen
des blossen Verstandes niemals, wol aber bey blossen Er=
scheinungen stattfindet. Wir können daher auch den Un=
terschied ähnlicher und gleicher, aber doch incongruenter
Dinge (z. B. widersinnig gewundener Schnecken) durch
keinen einzigen Begrif verständlich machen, sondern nur
durch das Verhältniß zur rechten und linken Hand, wel=
ches unmittelbar auf Anschauung geht.

## Anmerkung I.

Die reine Mathematik, und namentlich die reine
Geometrie, kan nur unter der Bedingung allein objective
Realität haben, daß sie blos auf Gegenstände der Sinne
geht, in Ansehung deren aber der Grundsatz feststeht: daß
unsre sinnliche Vorstellung keinesweges eine Vorstellung
der Dinge an sich selbst, sondern nur der Art sey, wie sie
uns erscheinen. Daraus folgt, daß die Sätze der Geome=
trie nicht etwa Bestimmungen eines blossen Geschöpfs un=
serer dichtenden Phantasie, und also nicht mit Zuverläßig=
keit auf wirkliche Gegenstände könten bezogen werden, son=
dern daß sie nothwendiger Weise vom Raume, und dar=
um auch von allem, was im Raume angetroffen werden
mag, gelten, weil der Raum nichts anders ist, als die
Form aller äusseren Erscheinungen, unter der uns allein

Ge=

Gegenstände der Sinne gegeben werden können. Die
Sinnlichkeit, deren Form die Geometrie zum Grunde
legt, ist das, worauf die Möglichkeit äusserer Erscheinungen beruht; diese also können niemals etwas anderes enthalten, als was die Geometrie ihnen vorschreibt. Ganz
anders würde es seyn, wenn die Sinne die Objecte
vorstellen müßten, wie sie an sich selbst sind. Denn da
würde aus der Vorstellung vom Raume, die der Geometer a priori mit allerley Eigenschaften desselben zum Grunde legt, noch gar nicht folgen, daß alles dieses samt dem,
was daraus gefolgert wird, sich gerade so in der Natur
verhalten müsse. Man würde den Raum des Geometers
vor bloße Erdichtung halten, und ihm keine objective Gültigkeit zutrauen; weil man gar nicht einsieht, wie Dinge
nothwendig mit dem Bilde, das wir uns von selbst und
zum voraus von ihnen machen, übereinstimmen müßten.
Wenn aber dieses Bild, oder vielmehr diese formale Anschauung, die wesentliche Eigenschaft unserer Sinnlichkeit
ist, vermittelst deren uns allein Gegenstände gegeben werden, diese Sinnlichkeit aber nicht Dinge an sich selbst, sondern nur ihre Erscheinungen vorstellt, so ist ganz leicht zu
begreifen, und zugleich unwidersprechlich bewiesen: daß
alle äussere Gegenstände unsrer Sinnenwelt nothwendig
mit den Sätzen der Geometrie nach aller Pünctlichkeit übereinstimmen müssen, weil die Sinnlichkeit durch ihre Form
äusserer Anschauung, (den Raum) womit sich der Geometer
beschäftigt, jene Gegenstände, als bloße Erscheinungen
selbst

selbst allererst möglich macht. Es wird allemal ein bemer-
kungswürdiges Phänomen in der Geschichte der Philosophie bleiben, daß es eine Zeit gegeben hat, da selbst Mathematiker, die zugleich Philosophen waren, zwar nicht an
der Richtigkeit ihrer geometrischen Sätze, sofern sie blos
den Raum beträfen, aber an der objectiven Gültigkeit und
Anwendung dieses Begriffs selbst und aller geometrischen
Bestimmungen desselben auf Natur zu zweifeln anfingen,
da sie besorgten, eine Linie in der Natur möchte doch wol
aus physischen Puncten, mithin der wahre Raum im Objecte aus einfachen Theilen bestehen, obgleich der Raum,
den der Geometer in Gedanken hat, daraus keinesweges
bestehen kan. Sie erkanten nicht, daß dieser Raum in
Gedanken den physischen d. i. die Ausdehnung der Materie selbst möglich mache: daß dieser gar keine Beschaffenheit der Dinge an sich selbst, sondern nur eine Form unserer sinnlichen Vorstellungskraft sey: daß alle Gegenstände im Raume bloße Erscheinungen, d. i. nicht Dinge an
sich selbst, sondern Vorstellungen unserer sinnlichen Anschauung seyn, und, da der Raum, wie ihn sich der Geometer denkt, ganz genau die Form der sinnlichen Anschauung ist, die wir a priori in uns finden, und die den Grund
der Möglichkeit aller äussern Erscheinungen (ihrer Form
nach) enthält, diese nothwendig und auf das präciseste mit
den Sätzen des Geometers, die er aus keinem erdichteten
Begrif, sondern aus der subjectiven Grundlage aller äussern Erscheinungen, nämlich der Sinnlichkeit selbst zieht,

zu-

zusammen stimmen müssen. Auf solche und keine andere
Art kan der Geometer wider alle Chicanen einer seichten
Metaphysik, wegen der ungezweifelten objectiven Realität seiner Sätze gesichert werden, so befremdend sie auch
dieser, weil sie nicht bis zu den Quellen ihrer Begriffe zu-
rückgeht, scheinen müssen.

## Anmerkung II.

Alles, was uns als Gegenstand gegeben werden soll,
muß uns in der Anschauung gegeben werden. Alle unsere
Anschauung geschieht aber nur vermittelst der Sinne; der
Verstand schauet nichts an, sondern reflectirt nur. Da
nun die Sinne nach dem jetzt erwiesenen uns niemals und
in keinem einzigen Stück die Dinge an sich selbst, sondern nur
ihre Erscheinungen zu erkennen geben, diese aber blosse Vorstellungen der Sinnlichkeit sind, „so müssen auch alle Körper mit samt dem Raume, darin sie sich befinden, vor
nichts als blosse Vorstellungen in uns gehalten werden, und
existiren nirgend anders, als blos in unsern Gedanken.‟
Ist dieses nun nicht der offenbare Idealismus?

Der Idealismus besteht in der Behauptung, daß
es keine andere als denkende Wesen gebe, die übrige Dinge, die wir in der Anschauung wahrzunehmen glauben,
wären nur Vorstellungen in den denkenden Wesen, denen
in der That kein ausserhalb dieser befindlicher Gegenstand
correspondirete. Ich dagegen sage: es sind uns Dinge
als ausser uns befindliche Gegenstände unserer Sinne gege-

ben

ben allein von dem, was sie an sich selbst seyn mögen,
wissen wir nichts, sondern kennen nur ihre Erscheinungen,
d. i. die Vorstellungen, die sie in uns wirken, indem sie
unsere Sinne afficiren. Demnach gestehe ich allerdings,
daß es außer uns Körper gebe, d. i. Dinge, die, obzwar
nach dem, was sie an sich selbst seyn mögen, uns gänzlich
unbekant, wir durch die Vorstellungen kennen, welche ihr
Einfluß auf unsre Sinnlichkeit uns verschaft, und denen
wir die Benennung eines Körpers geben, welches Wort
also blos die Erscheinung jenes uns unbekanten, aber nichts
desto weniger wirklichen Gegenstandes bedeutet. Kan man
dieses wol Idealismus nennen? Es ist ja gerade das Gegentheil davon.

Daß man, unbeschadet der wirklichen Existenz äuß-
serer Dinge von einer Menge ihrer Prädicate sagen könne:
sie gehöreten nicht zu diesen Dingen an sich selbst, sondern
nur zu ihren Erscheinungen, und hätten ausser unserer Vorstellung keine eigene Existenz, ist etwas, was schon lange
vor Lock's Zeiten, am meisten aber nach diesen, allgemein angenommen und zugestanden ist. Dahin gehören
die Wärme, die Farbe, der Geschmack zc. Daß ich aber
noch über diese, aus wichtigen Ursachen, die übrigen Qua-
litäten der Körper, die man primarias nennt, die Ausdehnung, den Ort, und überhaupt den Raum, mit allem
was ihm anhängig ist, (Undurchdringlichkeit oder Materia-
lität, Gestalt zc.) auch mit zu blossen Erscheinungen zähle,
dawider kan man nicht den mindesten Grund der Unzulässig-
keit

keit anführen, und so wenig, wie der, so die Farben
nicht als Eigenschaften, die dem Object an sich selbst, sondern nur dem Sinn des Sehens als Modificationen an-
hängen, will gelten lassen, darum ein Idealist heissen
kan: so wenig kan mein Lehrbegrif idealistisch heissen, blos
deshalb, weil ich finde, daß noch mehr, ja alle Eigenschaften, die die Anschauung eines Körpers ausmachen, blos zu seiner Erscheinung gehören; denn die Existenz des Dinges, was erscheint, wird dadurch nicht wie
beym wirklichen Idealism aufgehoben, sondern nur gezeigt, daß wir es, wie es an sich selbst sey, durch Sinne
gar nicht erkennen können.

Ich möchte gerne wissen, wie denn meine Behauptungen beschaffen seyn müßten, damit sie nicht einen Idealism enthielten. Ohne Zweifel müßte ich sagen: daß die
Vorstellungen vom Raume nicht blos dem Verhältnisse,
was unsre Sinnlichkeit zu den Objecten hat, vollkommen
gemäß sey, denn das habe ich gesagt, sondern daß sie sogar dem Object völlig ähnlich sey; eine Behauptung, mit
der ich keinen Sinn verbinden kan, so wenig, als daß die
Empfindung des Rothen mit der Eigenschaft des Zinno-
bers, der diese Empfindung in mir erregt, eine Aehnlichkeit habe.

## Anmerkung III.

Hieraus läßt sich nun ein leicht vorherzusehender,
aber nichtiger, Einwurf gar leicht abweisen: „daß nämlich
durch die Idealität des Raums und der Zeit die ganze

Sin-

Sinnenwelt in lauter Schein verwandelt werden würde.„
Nachdem man nemlich zuvörderst alle philosophische Einsicht
von der Natur der sinnlichen Erkentniß dadurch verdorben
hatte, daß man die Sinnlichkeit blos in einer verworre-
nen Vorstellungsart setzte, nach der wir die Dinge immer
noch erkenneten, wie sie sind, nur ohne das Vermögen
zu haben, alles in dieser unseren Vorstellung zum klaren
Bewußtseyn zu bringen: dagegen von uns bewiesen worden, daß Sinnlichkeit nicht in diesem logischen Unterschiede,
der Klarheit oder Dunkelheit, sondern in dem genetischen
des Ursprungs der Erkentniß selbst, bestehe, da sinnliche
Erkentniß die Dinge gar nicht vorstellt, wie sie sind, sondern nur die Art, wie sie unsere Sinnen afficiren, und
also daß durch sie blos Erscheinungen, nicht die Sachen
selbst dem Verstande zur Reflexion gegeben werden: Nach
dieser nothwendigen Berichtigung regt sich ein aus unver-
zeihlicher und beynahe vorsetzlicher Misdeutung entsprin-
gender Einwurf, als wenn mein Lehrbegrif alle Dinge der
Sinnenwelt in lauter Schein verwandelte.

Wenn uns Erscheinung gegeben ist, so sind wir noch
ganz frey, wie wir die Sache daraus beurtheilen wollen.
Jene, nämlich Erscheinung, beruhete auf den Sinnen,
diese Beurtheilung aber auf dem Verstande, und es
frägt sich nur, ob in der Bestimmung des Gegenstandes
Wahrheit sey oder nicht. Der Unterschied aber zwischen
Wahrheit und Traum, wird nicht durch die Beschaffenheit
der Vorstellungen, die auf Gegenstände bezogen werden,

aus-

ausgemacht, denn die find in beyden einerley, fondern
durch die Verknüpfung derfelben nach denen Regeln, wel=
che den Zufammenhang der Vorftellungen in dem Begriffe
eines Objects beftimmen, und wie fern fie in einer Erfah=
rung beyfammen ftehen können oder nicht. Und da liegt
es gar nicht an den Erfcheinungen, wenn unfere Erkent=
niß den Schein vor Wahrheit nimmt, d. i. wenn Anfchau=
ung, wodurch uns ein Object gegeben wird, vor Begrif
vom Gegenftande, oder auch der Exiftenz deffelben, die
der Verftand nur denken kan, gehalten wird. Den Gang
der Planeten ftellen uns die Sinne bald rechtläufig, bald
rückläufig vor, und hierin ift weder Falfchheit noch Wahr=
heit, weil, fo lange man fich befcheidet, daß diefes vor=
erft nur Erfcheinung ift, man über die objective Befchaffen=
heit ihrer Bewegung noch gar nicht urtheilt. Weil aber,
wenn der Verftand nicht wohl darauf Acht hat, zu verhü=
ten, daß diefe fubjective Vorftellungsart nicht vor objectiv
gehalten werde, leichtlich ein falfches Urtheil entfpringen
kan, fo fagt man: fie fcheinen zurückzugehen; allein der
Schein kommt nicht auf Rechnung der Sinne, fondern des
Verftandes, dem es allein zukommt, aus der Erfcheinung
ein objectives Urtheil zu fällen.

Auf folche Weife, wenn wir auch gar nicht über den
Urfprung unferer Vorftellungen nachdächten, und unfre
Anfchauungen der Sinne, fie mögen enthalten was fie wol=
len, im Raume und Zeit nach Regeln des Zufammenhan=
ges aller Erkenntniß in einer Erfahrung verknüpfen: fo kan,

nach=

nachdem wir unbehutsam oder vorsichtig seyn, trüglicher
Schein oder Wahrheit entspringen; das geht lediglich den
Gebrauch sinnlicher Vorstellungen im Verstande, und nicht
ihren Ursprung an. Eben so, wenn ich alle Vorstellungen
der Sinne samt ihrer Form, nämlich Raum und Zeit,
vor nichts als Erscheinungen, und die letztern vor eine
bloße Form der Sinnlichkeit halte, die auſſer ihr an den
Objecten gar nicht angetroffen wird, und ich bediene mich
derselben Vorstellungen nur in Beziehung auf mögliche Erfahrung, so ist darin nicht die mindeste Verleitung zum
Irrthum, oder ein Schein enthalten, daß ich sie vor
bloße Erscheinungen enthalte; denn sie können dessen ungeachtet nach Regeln der Wahrheit in der Erfahrung richtig zusammenhängen. Auf solche Weise gelten alle Sätze
der Geometrie vom Raume eben sowohl von allen Gegenständen der Sinne, mithin in Ansehung aller möglichen
Erfahrung, ob ich den Raum als eine bloße Form der
Sinnlichkeit, oder als etwas an den Dingen selbst haften-
des ansehe; wiewohl ich im ersteren Falle allein begreifen
kan, wie es möglich sey, jene Sätze von allen Gegenständen der äuſſeren Anschauung a priori zu wissen; sonst
bleibt in Ansehung aller nur möglichen Erfahrung alles
eben so, wie, wenn ich diesen Abfall von der gemeinen
Meinung gar nicht unternommen hätte.

Wage ich es aber mit meinen Begriffen von Raum
und Zeit über alle mögliche Erfahrung hinauszugehen, welches unvermeidlich ist, wenn ich sie vor Beschaffenheiten

E 2 aus-

ausgebe, die den Dingen an sich selbst anhingen, (denn was sollte mich da hindern, sie auch von eben denselben Dingen, meine Sinnen möchten nun auch anders einge= richtet seyn, und vor sie passen oder nicht, dennoch gelten zu lassen? alsdenn kan ein wichtiger Irrthum entspringen, der auf einem Scheine beruht, da ich das, was eine blos meinem Subject anhangende Bedingung der Anschauung der Dinge war, und sicher vor alle Gegenstände der Sin= ne, mithin nur alle mögliche Erfahrung galt, vor allge= mein gültig ausgab, weil ich sie auf die Dinge an sich selbst bezog, und nicht auf Bedingungen der Erfahrung ein= schränkte.

Also ist es so weit gefehlt, daß meine Lehre von der Idealität des Raumes und der Zeit die ganze Sinnenwelt zum bloßen Scheine mache, daß sie vielmehr das einzige Mittel ist, die Anwendung einer der allerwichtigsten Er= kentnisse, nämlich derjenigen, welche Mathematik a priori vorträgt, auf wirkliche Gegenstände zu sicheren, und zu verhüten, daß sie nicht vor bloßen Schein gehalten werde, weil ohne diese Bemerkung es ganz unmöglich wäre aus= zumachen, ob nicht die Anschauungen von Raum und Zeit, die wir von keiner Erfahrung entlehnen, und die dennoch in unserer Vorstellung a priori liegen, bloße selbstgemachte Hirngespinste wären, denen gar kein Gegen= stand wenigstens nicht adäquat correspondirte, und also Geometrie selbst ein bloßer Schein sey, dagegen ihre uns streitige Gültigkeit in Ansehung aller Gegenstände der Sin=

nens

nenwelt, eben darum, weil diese bloſſe Erſcheinungen ſind,
von uns hat dargethan werden können.

Es iſt zweytens ſo weit gefehlt, daß dieſe meine
Principien darum, weil ſie aus den Vorſtellungen der
Sinne Erſcheinungen machen, ſtatt der Wahrheit der Erfahrung ſie in bloſſen Schein verwandeln ſollten, daß ſie
vielmehr das einzige Mittel ſeyn, den transſcendentalen
Schein zu verhüten, wodurch Metaphyſik von je her ge-
täuſcht, und eben dadurch zu den kindiſchen Beſtrebungen
verleitet worden, nach Seifenblaſen zu haſchen, weil man
Erſcheinungen, die doch bloſſe Vorſtellungen ſind, vor
Sachen an ſich ſelbſt nahm, woraus alle jene merkwürdige Auftritte der Antinomie der Vernunft erfolgt ſind,
davon ich weiter hin Erwähnung thun werde, und die
durch jene einzige Bemerkung gehoben wird: daß Erſcheinung, ſo lange als ſie in der Erfahrung gebraucht
wird, Wahrheit, ſobald ſie aber über die Grenze derſelben
hinausgeht und transſcendent wird, nichts als lauter
Schein hervorbringt.

Da ich alſo den Sachen, die wir uns durch Sinne
vorſtellen, ihre Wirklichkeit laſſe, und nur unſre ſinnliche
Anſchauung von dieſen Sachen dahin einſchränke, daß ſie
in gar keinem Stücke, ſelbſt nicht in den reinen Anſchauungen von Raum und Zeit, etwas mehr als blos Erſcheinung jener Sachen, niemals aber die Beſchaffenheit derſelben an ihnen ſelbſt vorſtellen, ſo iſt dies kein der Natur
von mir angedichteter durchgängiger Schein, und meine

Pro-

Protestation wider alle Zumuthung eines Idealism ist so
bändig und einleuchtend, daß sie sogar überflüssig scheinen
würde, wenn es nicht unbefugte Richter gäbe, die, indem
sie vor jede Abweichung von ihrer verkehrten obgleich gemeinen Meinung gerne einen alten Namen haben möchten,
und niemals über den Geist der philosophischen Benennun-
gen urtheilen, sondern blos am Buchstaben hingen, bereit
ständen, ihren eigenen Wahn an die Stelle wohl bestimmter Begriffe zu setzen, und diese dadurch zu verdrehen
und zu verunstalten. Denn daß ich selbst dieser meiner
Theorie den Namen eines transscendentalen Idealisms gegeben habe, kan keinen berechtigen, ihn mit dem empirischen Idealism des Cartes (wiewol dieser nur eine Aufgabe war, wegen deren Unauflöslichkeit es, nach Cartesens
Meinung, jedermann frey stand, die Existenz der cörperlichen Welt zu verneinen, weil sie niemals genugthuend beantwortet werden könte,) oder mit dem mystischen und
schwärmerischen des Berkley (wowider und andre ähnliche Hirngespinste unsre Critik vielmehr das eigentliche Ge-
genmittel enthält) zu verwechseln. Denn dieser von mir
sogenannte Idealism betraf nicht die Existenz der Sachen,
(die Bezweifelung derselben aber macht eigentlich den
Idealism in recipirter Bedeutung aus) denn die zu bezweifeln, ist mir niemals in den Sinn gekommen, sondern
blos die sinnliche Vorstellung der Sachen, dazu Raum
und Zeit zuoberst gehören, und von diesen, mithin überhaupt von allen Erscheinungen, habe ich nur gezeigt:
daß

daß sie nicht Sachen, (sondern bloße Vorstellungsarten) auch nicht den Sachen an sich selbst angehörige Bestimmungen sind. Das Wort transscendental aber, welches bey mir niemals eine Beziehung unserer Erkentniß auf Dinge, sondern nur aufs Erkentnißvermögen bedeutet, sollte diese Misdeutung verhüten. Ehe sie aber denselben doch noch fernerhin veranlasse, nehme ich diese Benennung lieber zurück und will ihn den critischen genannt wissen. Wenn es aber ein in der That verwerflicher Idealism ist, wirkliche Sachen, (nicht Erscheinungen) in bloße Vorstellungen zu verwandeln, mit welchem Namen will man denjenigen benennen, der umgekehrt bloße Vorstellungen zu Sachen macht? Ich denke, man könne ihn den träumenden Idealism nennen, zum Unterschiede von dem vorigen, der der schwärmende heißen mag, welche beyde durch meinen, sonst sogenannten transscendentalen, besser critischen, Idealism haben abgehalten werden sollen.

## Der transscendentalen Hauptfrage

## Zweyter Theil.

## Wie ist reine Naturwissenschaft möglich?

### §. 14.

Natur ist das Daseyn der Dinge, so fern es nach allgemeinen Gesetzen bestimmt ist. Sollte Natur das Daseyn der Dinge an sich selbst bedeuten, so würden wir sie niemals, weder a priori noch a posteriori, erkennen kön-

C 4

können. Nicht a priori, denn wie wollen wir wiſſen, was den Dingen an ſich ſelbſt zukomme, da dieſes niemals durch Zergliederung unſerer Begriffe (analytiſche Sätze) geſchehen kan, weil ich nicht wiſſen will, was in meinem Begriffe von einem Dinge enthalten ſey, (denn das gehört zu ſeinem logiſchen Weſen) ſondern was in der Wirklichkeit des Dinges zu dieſem Begrif hinzukomme, und wodurch das Ding ſelbſt in ſeinem Daſeyn auſſer meinem Begriffe beſtimmt ſey. Mein Verſtand, und die Bedingungen, unter denen er allein die Beſtimmungen der Dinge in ihrem Daſeyn verknüpfen kan, ſchreibt den Dingen ſelbſt keine Regel vor; dieſe richten ſich nicht nach meinem Verſtande, ſondern mein Verſtand müßte ſich nach ihnen richten; ſie müßten alſo mir vorher gegeben ſeyn, um dieſe Beſtimmungen von ihnen abzunehmen, alsdenn aber wären ſie nicht a priori erkant.

Auch a poſteriori wäre eine ſolche Erkenntniß der Natur der Dinge an ſich ſelbſt unmöglich. Denn wenn mich Erfahrung Geſetze, unter denen das Daſeyn der Dinge ſteht, lehren ſoll, ſo müßten dieſe, ſo fern ſie Dinge an ſich ſelbſt betreffen, auch auſſer meiner Erfahrung ihnen nothwendig zukommen. Nun lehrt mich die Erfahrung zwar, was daſey, und wie es ſey, niemals aber, daß es nothwendiger Weiſe ſo und nicht anders ſeyn müſſe. Alſo kan ſie die Natur der Dinge an ſich ſelbſt niemals lehren.

§. 15.

## §. 15.

Nun sind wir gleichwol wirklich im Besitze einer reinen Naturwissenschaft, die a priori und mit aller derjenigen Nothwendigkeit, welche zu apodictischen Sätzen erforderlich ist, Gesetze vorträgt, unter denen die Natur steht. Ich darf hier nur diejenige Propädevtik der Naturlehre, die, unter dem Titel der allgemeinen Naturwissenschaft, vor aller Physik (die auf empirische Principien gegründet ist) vorhergeht, zum Zeugen rufen. Darin findet man Mathematik, angewandt auf Erscheinungen, auch blos discursive Grundsätze (aus Begriffen), welche den philosophischen Theil der reinen Naturerkentniß ausmachen. Allein es ist doch auch manches in ihr, was nicht ganz rein und von Erfahrungsquellen unabhängig ist: als der Begrif der <u>Bewegung</u>, der <u>Undurchdringlichkeit</u> (worauf der empirische Begrif der Materie beruht), der <u>Trägheit</u> u. a. m. welche es verhindern, daß sie nicht ganz reine Naturwissenschaft heissen kan; zudem geht sie nur auf die Gegenstände äusserer Sinne, also giebt sie kein Beyspiel von einer allgemeinen Naturwissenschaft in strenger Bedeutung, denn die muß die Natur überhaupt, sie mag den Gegenstand äusserer Sinne oder den des innern Sinnes (den Gegenstand der Physik sowohl als Psychologie) betreffen unter allgemeine Gesetze bringen. Es finden sich aber unter den Grundsätzen jener allgemeinen Physik etliche, die wirklich die Allgemeinheit haben, die wir verlangen, als der Satz: daß die Substanz bleibt und beharrt, daß

E 5 als

74

alles, was geschieht, jederzeit durch eine Ursache nach beständigen Gesetzen vorher bestimmt sey, u. s. w. Diese sind wirklich allgemeine Naturgesetze, die völlig a priori bestehen. Es giebt also in der That eine reine Naturwissenschaft, und nun ist die Frage: wie ist sie möglich?

## §. 16.

Noch nimmt das Wort Natur eine andere Bedeutung an, die nämlich das Object bestimmt, indessen daß in der obigen Bedeutung sie nur die Gesetzmässigkeit der Bestimmungen des Daseyns der Dinge überhaupt andeutete. Natur also materialiter betrachtet ist der Inbegrif aller Gegenstände der Erfahrung. Mit dieser haben wir es hier nur zu thun, da ohnedem Dinge, die niemals Gegenstände einer Erfahrung werden können, wenn sie nach ihrer Natur erkant werden sollten, uns zu Begriffen nöthigen würden, deren Bedeutung niemals in concreto (in irgend einem Beyspiele einer möglichen Erfahrung) gegeben werden könte, und von dessen Natur wir uns also lauter Begriffe machen müßten, deren Realität, d. i. ob sie wirklich sich auf Gegenstände beziehen, oder bloße Gedankendinge sind, gar nicht entschieden werden könte. Was nicht ein Gegenstand der Erfahrung seyn kan, dessen Erkentniß wäre hyperphysisch, und mit dergleichen haben wir hier gar nicht zu thun, sondern mit der Naturerkentniß, deren Realität durch Erfahrung bestätigt werden kan,

ob

ob sie gleich a priori möglich ist, und vor aller Erfahrung vorhergeht.

## §. 17.

Das Formale der Natur in dieser engern Bedeutung ist also die Gesetzmäßigkeit aller Gegenstände der Erfahrung, und, sofern sie a priori erkant wird, die nothwendige Gesetzmäßigkeit derselben. Es ist aber eben dargethan: daß die Gesetze der Natur an Gegenständen, so fern sie nicht in Beziehung auf mögliche Erfahrung, sondern als Dinge an sich selbst betrachtet werden, niemals a priori können erkannt werden. Wir haben es aber hier auch nicht mit Dingen an sich selbst (diese ihre Eigenschaften lassen wir dahin gestellt seyn) sondern blos mit Dingen, als Gegenständen einer möglichen Erfahrung zu thun, und der Inbegrif derselben ist es eigentlich, was wir hier Natur nennen. Und nun frage ich, ob, wenn von der Möglichkeit einer Naturerkentniß a priori die Rede ist, es besser sey, die Aufgabe so einzurichten: wie ist die nothwendige Gesetzmäßigkeit der Dinge als Gegenstände der Erfahrung, oder: wie ist die nothwendige Gesetzmäßigkeit der Erfahrung selbst in Ansehung aller ihrer Gegenstände überhaupt a priori zu erkennen möglich?

Beym Lichte besehen, wird die Auflösung der Frage, sie mag auf die eine oder die andere Art vorgestellt seyn, in Ansehung der reinen Naturerkentniß (die eigentlich den Punct der Quästion ausmacht) ganz und gar auf einerley hin-

hinauslaufen. Denn die subjectiven Gesetze, unter denen allein eine Erfahrungserkenntniß von Dingen möglich ist, gelten auch von diesen Dingen, als Gegenständen einer möglichen Erfahrung, (freylich aber nicht von ihnen als Dingen an sich selbst, dergleichen aber hier auch in keine Betrachtung kommen). Es ist gänzlich einerley, ob ich sage: ohne das Gesetz, daß, wenn eine Begebenheit wahrgenommen wird, sie jederzeit auf etwas, was vorhergeht, bezogen werde, worauf sie nach einer allgemeinen Regel folgt, kan niemals ein Wahrnehmungsurtheil vor Erfahrung gelten; oder ob ich mich so ausdrücke: alles, wovon die Erfahrung lehrt, daß es geschieht, muß eine Ursache haben.

Es ist indessen doch schicklicher, die erstere Formel zu wählen. Denn da wir wohl a priori und vor allen gegebenen Gegenständen eine Erkenntniß derjenigen Bedingungen haben können, unter denen allein eine Erfahrung in Ansehung ihrer möglich ist, niemals aber, welchen Gesetzen sie, ohne Beziehung auf mögliche Erfahrung an sich selbst unterworfen seyn mögen, so werden wir die Natur der Dinge a priori nicht anders studiren können, als daß wir die Bedingungen und allgemeine (obgleich subjective) Gesetze erforschen, unter denen allein ein solches Erkentniß, als Erfahrung, (der bloßen Form nach) möglich ist, und darnach die Möglichkeit der Dinge, als Gegenstände der Erfahrung bestimmen; denn, würde ich die zweyte Art des Ausdrucks wählen, und die Bedingungen a priori suchen,

chen, unter denen Natur als Gegenſtand der Erfahrung
möglich iſt, ſo würde ich leichtlich in Misverſtand gerathen
können, und mir einbilden, ich hätte von der Natur als
einem Dinge an ſich ſelbſt zu reden, und da würde ich
fruchtlos in endloſen Bemühungen herumgetrieben werden,
vor Dinge, von denen mir nichts gegeben iſt, Geſetze zu
ſuchen.

Wir werden es alſo hier blos mit der Erfahrung
und den allgemeinen und a priori gegebenen Bedingungen
ihrer Möglichkeit zu thun haben, und daraus die Natur,
als den ganzen Gegenſtand aller möglichen Erfahrung, beſtimmen. Ich denke, man werde mich verſtehen: daß
ich hier nicht die Regeln der Beobachtung einer Natur,
die ſchon gegeben iſt, verſtehe, die ſetzen ſchon Erfahrung
voraus, alſo nicht, wie wir (durch Erfahrung) der Natur die Geſetze ablernen können, denn dieſe wären alsdenn
nicht Geſetze a priori, und gäben keine reine Naturwiſſenſchaft, ſondern wie die Bedingungen a priori von der
Möglichkeit der Erfahrung zugleich die Quellen ſind, aus
denen alle allgemeine Naturgeſetze hergeleitet werden
müſſen.

### §. 18.

Wir müſſen denn alſo zuerſt bemerken; daß, obgleich
alle Erfahrungsurtheile empiriſch ſeyn, d. i. ihren Grund
in der unmittelbaren Wahrnehmung der Sinne haben,
dennoch nicht umgekehrt alle empiriſche Urtheile darum Erfahrungsurtheile ſind; ſondern, daß über das Empiriſche,

und

und überhaupt über das der sinnlichen Anschauung gegebene, noch besondere Begriffe hinzukommen müssen, die ihren Ursprung gänzlich a priori im reinen Verstande haben, unter die jede Wahrnehmung allererst subsumirt und dann vermittelst derselben in Erfahrung kan verwandelt werden.

Empirische Urtheile, so fern sie objective Gültigkeit haben, sind Erfahrungsurtheile; die aber, so nur objectiv gültig sind, nenne ich bloße Wahrnehmungsurtheile. Die letztern bedürfen keines reinen Verstandesbegrifs, sondern nur der logischen Verknüpfung der Wahrnehmung in einem denkenden Subject. Die erstern aber erfordern jederzeit, über die Vorstellungen der sinnlichen Anschauung, noch besondere im Verstande ursprünglich erzeugte Begriffe, welche es eben machen, daß das Erfahrungsurtheil objectiv gültig ist.

Alle unsere Urtheile sind zuerst bloße Wahrnehmungsurtheile, sie gelten blos vor uns, d. i. vor unser Subject, und nur hinten nach geben wir ihnen eine neue Beziehung, nämlich auf ein Object, und wollen, daß es auch vor uns jederzeit und eben so vor jedermann gültig seyn solle; denn wenn ein Urtheil mit einem Gegenstande übereinstimmt, so müssen alle Urtheile über denselben Gegenstand auch unter einander übereinstimmen, und so bedeutet die objective Gültigkeit des Erfahrungsurtheils nichts anders, als die nothwendige Allgemeingültigkeit desselben. Aber auch umgekehrt, wenn wir Ursache finden, ein Ur-

theil

theil vor nothwendig allgemeingültig zu halten (welches nie
mals auf der Wahrnehmung, sondern dem reinen Verstandesbegriffe beruht, unter dem die Wahrnehmung subsumirt ist), so müssen wir es auch vor objectiv halten, d. i.
daß es nicht blos eine Beziehung der Wahrnehmung auf
ein Subject, sondern eine Beschaffenheit des Gegenstandes
ausdrücke; denn es wäre kein Grund, warum anderer
Urtheile nothwendig mit dem meinigen übereinstimmen
müßten, wenn es nicht die Einheit des Gegenstandes wäre, auf den sie sich alle beziehen, mit dem sie übereinstimmen, und daher auch alle unter einander zusammenstim-
men müssen.

### §. 19.

Es sind daher objective Gültigkeit und nothwendige
Allgemeingültigkeit (vor jedermann) Wechselbegriffe, und
ob wir gleich das Object an sich nicht kennen, so ist doch,
wenn wir ein Urtheil als gemeingültig und mithin nothwendig ansehen, eben darunter die objective Gültigkeit verstanden. Wir erkennen durch dieses Urtheil das Object,
(wenn es auch sonst, wie es an sich selbst seyn möchte,
unbekant bliebe,) durch die allgemeingültige und nothwendige Verknüpfung der gegebenen Wahrnehmungen, und
da dieses der Fall von allen Gegenständen der Sinne ist,
so werden Erfahrungsurtheile ihre objective Gültigkeit
nicht von der unmittelbaren Erkenntniß des Gegenstandes,
(denn diese ist unmöglich) sondern blos von der Bedingung

der

der Allgemeingültigkeit der empirischen Urtheile entlehnen, die, wie gesagt, niemals auf den empirischen, ja überhaupt sinnlichen Bedingungen, sondern auf einem reinen Verstandesbegriffe beruht. Das Object bleibt an sich selbst immer unbekant; wenn aber durch den Verstandesbegrif die Verknüpfung der Vorstellungen, die unsrer Sinnlichkeit von ihm gegeben sind, als allgemeingültig bestimmt wird, so wird der Gegenstand durch dieses Verhältniß bestimmt, und das Urtheil ist objectiv.

Wir wollen dieses erläutern: daß das Zimmer warm, der Zucker süß, der Wermuth widrig sey *), sind blos subjectiv gültige Urtheile. Ich verlange gar nicht, daß ich es jederzeit, oder jeder andrer es eben so, wie ich, finden soll, sie drücken nur eine Beziehung zweener Empfindungen auf dasselbe Subject, nemlich mich selbst, und auch nur in meinem diesmaligen Zustande der Wahrnehmung aus, und sollen daher auch nicht vom Objecte gelten; dergleichen nenne ich Wahrnehmungsurtheile. Eine ganz andere Bewandniß hat es mit dem Erfahrungsurtheile. Was die

---

*) Ich gestehe gern, daß diese Beyspiele nicht solche Wahrnehmungsurtheile vorstellen, die jemals Erfahrungsurtheile werden könten, wenn man auch einen Verstandesbegrif hinzu thäte, weil sie sich blos aufs Gefühl, welches jedermann als blos subjectiv erkent und welches also niemals dem Object beygelegt werden darf, beziehen, und also auch niemals objectiv werden können; ich wollte nur vor der Hand ein Beyspiel von dem Urtheile geben, was blos subjectiv gültig ist, und in sich keinen Grund zur nothwendigen Allgemeingültigkeit und dadurch zu einer Beziehung aufs Object enthält. Ein Beyspiel der Wahrnehmungsurtheile, die durch hinzugesetzten Verstandesbegrif Erfahrungsurtheile werden, folgt in der nächsten Anmerkung.

die Erfahrung unter gewiſſen Umſtänden mich lehrt, muß
ſie mich jederzeit und auch jedermann lehren, und die Gültigkeit derſelben ſchränkt ſich nicht auf das Subject oder ſeinen
damaligen Zuſtand ein.     Daher ſpreche ich alle dergleichen
Urtheile als objectiv gültige aus, als z. B. wenn ich ſage,
die Luft iſt elaſtiſch, ſo iſt dieſes Urtheil zunächſt nur ein
Wahrnehmungsurtheil, ich beziehe zwey Empfindungen in
meinen Sinnen nur auf einander.     Will ich, es ſoll Erfahrungsurtheil heiſſen, ſo verlange ich, daß dieſe Verknüpfung unter einer Bedingung ſtehe, welche ſie allgemein gültig macht.     Ich will alſo, daß ich jederzeit, und auch jedermann dieſelbe Wahrnehmung unter denſelben Umſtänden nothwendig verbinden müſſe.

### §. 20.

Wir werden daher Erfahrung überhaupt zergliedern
müſſen, um zu ſehen, was in dieſem Product der Sinne
und des Verſtandes enthalten, und wie das Erfahrungsurtheil ſelbſt möglich ſey.     Zum Grunde liegt die Anſchauung, deren ich mir bewuſt bin, d. i. Wahrnehmung (per-
ceptio), die blos den Sinnen angehört.     Aber zweytens
gehört auch dazu das Urtheilen (das blos dem Verſtande zu-
kömmt).     Dieſes Urtheilen kan nun zwiefach ſeyn: erſtlich,
indem ich blos die Wahrnehmungen vergleiche, und in einem
Bewuſtſeyn meines Zuſtandes, oder zweytens, da ich ſie in
einem Bewuſtſeyn überhaupt verbinde.     Das erſtere Urtheil
iſt blos ein Wahrnehmungsurtheil, und hat ſo fern nur

F

ſub-

subjective Gültigkeit, es ist blos Verknüpfung der Wahrnehmungen in meinem Gemüthszustande, ohne Beziehung
auf den Gegenstand. Daher ist es nicht, wie man gemeiniglich sich einbildet, zur Erfahrung gnug, Wahrnehmungen zu vergleichen, und in einem Bewußtseyn vermittelst des Urtheilens zu verknüpfen; dadurch entspringt keine Allgemeingültigkeit und Nothwendigkeit des Urtheils,
um deren willen es allein objectiv gültig und Erfahrung
seyn kan.

Es geht also noch ein ganz anderes Urtheil voraus,
ehe aus Wahrnehmung Erfahrung werden kan. Die gegebene Anschauung muß unter einem Begrif subsumirt werden, der die Form des Urtheilens überhaupt in Ansehung
der Anschauung bestimmt, das empirische Bewußtseyn der
letzteren in einem Bewußtseyn überhaupt verknüpft, und
dadurch den empirischen Urtheilen Allgemeingültigkeit verschaft; dergleichen Begrif ist ein reiner Verstandesbegrif
a priori, welcher nichts thut, als blos einer Anschauung
die Art überhaupt zu bestimmen, wie sie zu Urtheilen dienen kan. Es sey ein solcher Begrif der Begrif der Ursache, so bestimmt er die Anschauung, die unter ihm subsumirt ist, z. B. die der Luft in Ansehung des Urtheilens
überhaupt, nämlich daß der Begrif der Luft in Ansehung
der Ausspannung in dem Verhältniß des Antecedens zum
Consequens in einem hypothetischen Urtheile diene. Der
Begrif der Ursache ist also ein reiner Verstandesbegrif, der
von aller möglichen Wahrnehmung gänzlich unterschieden
ist,

iſt, und nur dazu dient, diejenige Vorſtellung, die unter
ihm enthalten iſt, in Anſehung des Urtheilens überhaupt
zu beſtimmen, mithin ein allgemeingültiges Urtheil möglich zu machen.

Nun wird, ehe aus einem Wahrnehmungsurtheil
ein Urtheil der Erfahrung werden kan, zuerſt erfordert:
daß die Wahrnehmung unter einem dergleichen Verſtandesbegriffe ſubſumirt werde; z. B. die Luft gehört unter
den Begrif der Urſachen, welcher das Urtheil über dieſelbe
in Anſehung der Ausdehnung als hypothetiſch beſtimmt. *)
Dadurch wird nun nicht dieſe Ausdehnung, als blos zu
meiner Wahrnehmung der Luft in meinem Zuſtande, oder
in mehrern meiner Zuſtände, oder in dem Zuſtande der
Wahrnehmung anderer gehörig, ſondern als dazu nothwendig gehörig, vorgeſtellt, und das Urtheil, die Luft
iſt elaſtiſch, wird allgemeingültig, und dadurch allererſt
Erfahrungsurtheil, daß gewiſſe Urtheile vorhergehen; die
die Anſchauung der Luft unter den Begrif der Urſache und
Wirkung ſubſumiren, und dadurch die Wahrnehmungen

F 2        nicht

*) Um ein leichter einzuſehendes Beyſpiel zu haben, nehme man fol-
genden. Wenn die Sonne den Stein beſcheint, ſo wird er warm.
Dieſes Urtheil iſt ein bloſſes Wahrnehmungsurtheil, und enthält
keine Nothwendigkeit, ich mag dieſes noch ſo oft und andere auch
noch ſo oft wahrgenommen haben; die Wahrnehmungen finden
ſich nur gewöhnlich ſo verbunden. Sage ich aber: die Sonne er-
wärmt den Stein, ſo komt über die Wahrnehmung noch der Ver-
ſtandesbegrif der Urſache hinzu, der mit dem Begrif des Sonnen-
ſcheins den der Wärme nothwendig verknüpft und das ſynthetiſche Urtheil wird nothwendig allgemeingültig, folglich objectiv
und aus einer Wahrnehmung in Erfahrung verwandelt.

nicht blos respective auf einander in meinem Subjecte, sondern in Ansehung der Form des Urtheilens überhaupt (hier der hypothetischen) bestimmen, und auf solche Art das empirische Urtheil allgemeingültig machen.

Zergliedert man alle seine synthetische Urtheile, so fern sie objectiv gelten, so findet man, daß sie niemals aus bloßen Anschauungen bestehen, die blos, wie man gemeiniglich dafür hält, durch Vergleichung in ein Urtheil verknüpft worden, sondern daß sie unmöglich seyn würden, wäre nicht über die von der Anschauung abgezogene Begriffe noch ein reiner Verstandesbegrif hinzugekommen, unter dem jene Begriffe subsumirt, und so allererst in einem objectiv gültigen Urtheile verknüpft worden. Selbst die Urtheile der reinen Mathematik in ihren einfachsten Axiomen sind von dieser Bedingung nicht ausgenommen. Der Grundsatz: die gerade Linie ist die kürzeste zwischen zweyen Puncten, setzt voraus, daß die Linie unter den Begrif der Größe subsumirt werde, welcher gewiß keine bloße Anschauung ist, sondern lediglich im Verstande seinen Sitz hat, und dazu dient, die Anschauung (der Linie) in Absicht auf die Urtheile, die von ihr gefället werden mögen, in Ansehung der Quantität derselben, nämlich der Vielheit (als iudicia plurativa*) zu bestimmen, indem unter ihnen verstanden wird,

*) So wollte ich lieber die Urtheile genannt wissen, die man in der Logik particularia nennt. Denn der letztere Ausdruck enthält schon den

wird, daß in einer gegebenen Anschauung vieles gleichar-
tige enthalten sey.

Um nun also die Möglichkeit der Erfahrung, so fer-
ne sie auf reinen Verstandesbegriffen a priori beruht, dar-
zulegen, müssen wir zuvor das, was zum Urtheilen überhaupt gehört, und die verschiedene Momente des Verstandes in denselben, in einer vollständigen Tafel vorstellen;
denn die reinen Verstandesbegriffe, die nichts weiter sind,
als Begriffe von Anschauungen überhaupt, so fern diese
in Ansehung eines oder des andern dieser Momente zu Urtheilen an sich selbst, mithin nothwendig und allgemeingültig bestimmt sind, werden ihnen ganz genau pa-
rallel ausfallen. Hiedurch werden auch die Grundsätze
a priori der Möglichkeit aller Erfahrung, als einer objectiv gültigen empirischen Erkenntniß, ganz genau bestimmt
werden. Denn sie sind nichts anders, als Sätze, welche
alle Wahrnehmung (gemäß gewissen allgemeinen Bedingungen der Anschauung) unter jene reine Verstandesbegriffe subsumiren.

F 3 Logische

---

den Gedanken, daß sie nicht allgemein sind. Wenn ich aber von
der Einheit (in einzelnen Urtheilen) anhebe und so zur Allheit fort-
gehe, so kan ich noch keine Beziehung auf die Allheit beymischen:
ich denke nur die Vielheit ohne Allheit, nicht die Ausnahme von
derselben. Dieses ist nöthig, wenn die logische Momente den reinen Verstandesbegriffen unterlegt werden sollen; im logischen
Gebrauche kan man es beym Alten lassen.

# Logische Tafel
## der Urtheile.

### 1.
### Der Quantität nach
Allgemeine,
Besondere,
Einzelne

### 2.
### Der Qualität nach
Bejahende
Verneinende
Unendliche

### 3.
### Der Relation nach
Categorische
Hypothetische
Disjunctive

### 4.
### Der Modalität nach
Problematische
Assertorische
Apodictische

# Transscendentale Tafel
## der Verstandesbegriffe.

### 1.
### Der Quantität nach
Einheit (das Maas)
Vielheit (die Größe)
Allheit (das Ganze)

### 2.
### Der Qualität
Realität
Negation
Einschränkung

### 3.
### Der Relation
Substanz
Ursache
Gemeinschaft

### 4.
### Der Modalität
Möglichkeit
Daseyn
Nothwendigkeit

# Reine physiologische Tafel
## allgemeiner Grundsätze der Naturwissenschaft.

### 1.
### Axiomen
der Anschauung

### 2.
### Anticipationen
der Wahrnehmung

### 3.
### Analogien
der Erfahrung

### 4.
### Postulate
des empirischen Denkens
überhaupt.

#### §. 21.

Um alles bisherige in einen Begrif zusammenzufassen, ist zuvörderst nöthig die Leser zu erinnern: daß hier nicht von dem Entstehen der Erfahrung die Rede sey, sondern von dem, was in ihr liegt. Das erstere gehört zur empirischen Psychologie, und würde selbst auch da, ohne das zweite, welches zur Kritik der Erkentniß und besonders des Verstandes gehört, niemals gehörig entwickelt werden können.

Erfahrung besteht aus Anschauungen, die der Sinnlichkeit angehören, und aus Urtheilen, die lediglich ein Geschäfte des Verstandes sind. Diejenige Urtheile aber, die der Verstand lediglich aus sinnlichen Anschauungen macht, sind noch bey weitem nicht Erfahrungsurtheile. Denn in einem Fall würde das Urtheil nur die Wahrnehmungen verknüpfen, so wie sie in der sinnlichen Anschauung gegeben seyn, in dem letztern Falle aber sollen die Urtheile sagen, was Erfahrung überhaupt, mithin nicht was die bloße Wahrnehmung, deren Gültigkeit blos subjectiv ist, enthält. Das Erfahrungsurtheil muß also noch über die sinnliche Anschauung und die logische Verknüpfung derselben (nachdem sie durch Vergleichung allgemein gemacht worden) in einem Urtheile etwas hinzufügen, was das synthetische Urtheil als nothwendig und hierdurch als allgemeingültig bestimmt, und dieses kan nichts anders seyn, als derjenige Begrif, der die Anschauung in Ansehung einer Form des Urtheils vielmehr als der andere, als an sich

bes

bestimmt, vorstellt, die ein Begrif von derjenigen synthetischen Einheit der Anschauungen, die nur durch eine gegebne logische Function der Urtheile vorgestellt werden kan.

## §. 22.

Die Summe hievon ist diese: Die Sache der Sinne ist, anzuschauen; die des Verstandes, zu denken. Denken aber ist Vorstellungen in einem Bewußtseyn vereinigen. Diese Vereinigung entsteht entweder blos relativ aufs Subject, und ist zufällig und subjectiv, oder sie findet schlechthin statt, und ist nothwendig oder objectiv. Die Vereinigung der Vorstellungen in einem Bewußtseyn ist das Urtheil. Also ist Denken so viel, als Urtheilen, oder Vorstellungen auf Urtheile überhaupt beziehen. Daher sind Urtheile entweder blos subjectiv, wenn Vorstellungen auf ein Bewußtseyn in einem Subject allein bezogen und in ihm vereinigt werden, oder sie sind objectiv, wenn sie in einem Bewußtseyn überhaupt d. i. darin nothwendig vereinigt werden. Die logische Momente aller Urtheile sind so viel mögliche Arten, Vorstellungen in einem Bewußtseyn zu vereinigen. Dienen aber eben dieselben als Begriffe, so sind sie Begriffe von der nothwendigen Vereinigung derselben in einem Bewußtseyn, mithin Principien objectiv gültiger Urtheile. Diese Vereinigung in einem Bewußtseyn ist entweder analytisch, durch die Identität, oder synthetisch, durch die Zusammensetzung und Hinzukunft ver-

schie

schiedener Vorstellungen zu einander. Erfahrung besteht in der synthetischen Verknüpfung der Erscheinungen, (Wahrnehmungen) in einem Bewußtseyn, so fern dieselbe nothwendig ist. Daher sind reine Verstandesbegriffe diesjenige, unter denen alle Wahrnehmungen zuvor müssen subsumirt werden, ehe sie zu Erfahrungsurtheilen dienen können, in welchen die synthetische Einheit der Wahrnehmungen als nothwendig und allgemeingültig vorgestellt wird. *)

## §. 23.

Urtheile, so fern sie blos als die Bedingung der Vereinigung gegebener Vorstellungen in einem Bewußtseyn betrachtet werden, sind Regeln. Diese Regeln, so fern sie die Vereinigung als nothwendig vorstellen, sind Regeln a priori, und so fern keine über sie sind, von denen sie abgeleitet werden, Grundsätze. Da nun in Ansehung

F 5 der

---

*) Wie stimmt aber dieser Satz: daß Erfahrungsurtheile Nothwendigkeit in der Synthesis der Wahrnehmungen enthalten sollen, mit meinem oben vielfältig eingeschärften Satze: daß Erfahrung, als Erkentniß a posteriori, blos zufällige Urtheile geben könne? Wenn ich sage, Erfahrung lehrt mir etwas, so meine ich jederzeit nur die Wahrnehmung, die in ihr liegt, z. B. daß auf die Beleuchtung des Steins durch die Sonne jederzeit Wärme folge, und also ist der Erfahrungssatz so fern allemal zufällig. Daß diese Erwärmung nothwendig aus der Beleuchtung durch die Sonne erfolge, ist zwar in dem Erfahrungsurtheile (vermöge des Begrifs der Ursache) enthalten, aber das lerne ich nicht durch Erfahrung, sondern umgekehrt, Erfahrung wird allererst durch diesen Zusatz des Verstandesbegrifs (der Ursache) zur Wahrnehmung, erzeugt. Wie die Wahrnehmung zu diesem Zusatze komme, darüber muß die Critik im Abschnitte von der transsc. Urtheilskraft, Seite 137. u. f. nachgesehen werden.

der Möglichkeit aller Erfahrung, wenn man an ihr blos die Form des Denkens betrachtet, keine Bedingungen der Erfahrungsurtheile über diejenige sind, welche die Erscheinungen, nach der verschiedenen Form ihrer Anschauung, unter reine Verstandesbegriffe bringen, die das empirische Urtheil objectiv-gültig machen, so sind diese die Grundsätze a priori möglicher Erfahrung.

Die Grundsätze möglicher Erfahrung sind nun zugleich allgemeine Gesetze der Natur, welche a priori erkannt werden können. Und so ist die Aufgabe, die in unsrer vorliegenden zweyten Frage liegt: Wie ist reine Vernunftwissenschaft möglich? aufgelöset. Denn das Systematische, was zur Form einer Wissenschaft erfodert wird, ist hier vollkommen anzutreffen, weil über die genannte formale Bedingungen aller Urtheile überhaupt, mithin aller Regeln überhaupt, die die Logik darbietet, keine mehr möglich sind, und diese ein logisches System, die darauf gegründeten Begriffe aber, welche die Bedingungen a priori zu allen synthetischen und nothwendigen Urtheilen enthalten, eben darum ein transscendentales, endlich die Grundsätze, vermittelst deren alle Erscheinungen unter diese Begriffe subsumirt werden, ein physiologisches d. i. ein Natursystem ausmachen, welches vor aller empirischen Naturerkentniß vorhergeht, diese zuerst möglich macht, und daher die eigentliche allgemeine und reine Naturwissenschaft genannt werden kan.

§. 24.

§. 24.

Das erste *) jener phyſiologiſchen Grundſätze ſubſumirt
alle Erſcheinungen, als Anſchauungen im Raum und Zeit,
unter den Begrif der **Gröſſe**, und iſt ſofern ein Princip
der Anwendung der Mathematik auf Erfahrung. Das
zwepte ſubſumirt das eigentlich Empiriſche, nämlich die
Empfindung, die das Reale der Anſchauungen bezeichnet,
nicht geradezu unter den Begrif der **Gröſſe**, weil Empfindung keine Anſchauung iſt, die Raum oder Zeit enthielte, ob ſie gleich den ihr correſpondirenden Gegenſtand
in beyde ſetzt; allein es iſt zwiſchen Realität (Empfin-
dungsvorſtellung) und der Null d. i. dem gänzlich leeren
der Anſchauung in der Zeit, doch ein Unterſchied, der eine
Gröſſe hat, da nämlich zwiſchen einem jeden gegebenen
Grade Licht und der Finſterniß, zwiſchen einem jeden Grade Wärme und der gänzlichen Kälte, jedem Grad der
Schwere und der abſoluten Leichtigkeit, jedem Grade der
Erfüllung des Raumes und dem völlig leeren Raume, immer noch kleinere Grade gedacht werden können, ſo wie
ſelbſt zwiſchen einem Bewuſtſeyn und dem völligen Unbe-
wuſtſeyn (pſychologiſcher Dunkelheit) immer noch kleinere
ſtattfinden; daher keine Wahrnehmung möglich iſt, welche einen abſoluten Mangel bewieſe, z. B. keine pſychologiſche Dun-
kel-

---

*) Dieſe drey aufeinander folgende Paragraphen werden ſchwer-
lich gehörig verſtanden werden können, wenn man nicht das,
was die Critik über die Grundſätze ſagt, dabey zur Hand nimmt;
ſie können aber den Nutzen haben, das Allgemeine derſelben
leichter zu überſehen und auf die Hauptmomente Acht zu haben,

ſelheit, die nicht als ein Bewuſtſeyn betrachtet werden
könte, welches nur von anderem ſtärkeren überwogen
wird, und ſo in allen Fällen der Empfindung, weswegen
der Verſtand ſo gar Empfindungen, welche die eigentliche
Qualität der empiriſchen Vorſtellungen (Erſcheinungen)
ausmachen, anticipiren kan, vermittelſt des Grundſaßes,
daß ſie alle insgeſamt, mithin das Reale aller Erſcheinung
Grade habe, welches die zweyte Anwendung der Mathematik (matheſis intenſorum) auf Naturwiſſenſchaft iſt.

### §. 25.

In Anſehung der Verhältniſſes der Erſcheinungen,
und zwar lediglich in Abſicht auf ihr Daſeyn, iſt die Beſtimmung dieſes Verhältniſſes nicht mathematiſch, ſondern
dynamiſch, und niemals objectiv gültig, mithin zu einer
Erfahrung tauglich ſeyn, wenn ſie nicht unter Grundſätzen
a priori ſteht, welche die Erfahrungserkentniß in Anſehung
derſelben allererſt möglich machen. Daher müſſen Erſcheinungen unter den Begrif der Subſtanz, welcher aller Beſtimmung des Daſeyns, als ein Begrif vom Dinge ſelbſt,
zum Grunde liegt, oder zweytens, ſo fern eine Zeitfolge
unter den Erſcheinungen, d. i. eine Begebenheit angetroffen
wird, unter den Begrif einer Wirkung in Beziehung auf
Urſache, oder, ſo fern das Zugleichſeyn objectiv, d. i.
durch ein Erfahrungsurtheil erkant werden ſoll, unter den
Begrif der Gemeinſchaft (Wechſelwirkung) ſubſumirt werden, und ſo liegen Grundſätze a priori objectiv gültigen

ob-

obgleich empirischen Urtheilen, d. i. der Möglichkeit der Erfahrung, so fern sie Gegenstände dem Daseyn nach in der Natur verknüpfen soll, zum Grunde. Diese Grundsätze sind die eigentlichen Naturgesetze, welche dynamisch heissen können.

Zuletzt gehört auch zu den Erfahrungsurtheilen die Erkentniß der Uebereinstimmung und Verknüpfung, nicht sowol der Erscheinungen unter einander in der Erfahrung, als vielmehr ihr Verhältniß zur Erfahrung überhaupt, welches entweder ihre Uebereinstimmung mit den formalen Bedingungen, die der Verstand erkennt, oder Zusammenhang mit dem Materialen der Sinne und der Wahrnehmung, oder beyden in einen Begrif vereinigt, folglich Möglichkeit, Wirklichkeit und Nothwendigkeit nach allgemeinen Naturgesetzen enthält, welches die physiologische Methodenlehre (Unterscheidung der Wahrheit und Hypothesen und die Grenzen der Zuverlässigkeit der letzteren) ausmachen würde.

§. 26.

Obgleich die dritte aus der Natur des Verstandes selbst nach critischer Methode gezogene Tafel der Grundsätze eine Vollkommenheit an sich zeigt, darin sie sich weit über jede andre erhebt, die von den Sachen selbst auf dogmatische Weise, obgleich vergeblich, jemals versucht worden ist, oder nur künftig versucht werden magt nämlich daß sie alle synthetische Grundsätze a priori vollständig und nach einem Princip, nämlich dem Vermögen zu Urtheilen überhaupt, welches das Wesen der Erfahrung

in

in Abſicht auf den Verſtand ausmacht, ausgeführt worden,
ſo daß man gewiß ſeyn kan, es gebe keine dergleichen
Grundſätze mehr, (eine Befriedigung, die die dogmatiſche
Methode niemals verſchaffen kan) ſo iſt dieſes doch bey weis
tem noch nicht ihr größtes Verdienſt.

Man muß auf den Beweisgrund Acht geben, der die
Möglichkeit dieſer Erkentniß a priori entdeckt, und alle ſolche
Grundſätze zugleich auf eine Bedingung einſchränkt, die nies
mals überſehen werden muß, wenn ſie nicht misverſtanden
und im Gebrauche weiter ausgedehnt werden ſoll, als der
urſprüngliche Sinn, den der Verſtand darin legt, es has
ben will: nämlich, daß ſie nur die Bedingungen möglicher
Erfahrung überhaupt enthalten, ſo fern ſie Geſetzen a priori unterworfen iſt. So ſage ich nicht: daß Dinge an
ſich ſelbſt eine Gröſſe, ihre Realität einen Grad, ihre
Exiſtenz Verknüpfung der Accidenzen in einer Subſtanz
u. ſ. w. enthalte; denn das kan niemand beweiſen, weil
eine ſolche ſynthetiſche Verknüpfung aus bloſſen Begriffen,
wo alle Beziehung auf ſinnliche Anſchauung einer Seits,
und alle Verknüpfung derſelben in einer möglichen Erfahs
rung anderer Seits, mangelt, ſchlechterdings unmöglich
iſt. Die weſentliche Einſchränkung der Begriffe alſo in
dieſen Grundſätzen iſt: daß alle Dinge nur als Gegens
ſtände der Erfahrung unter den genannten Bedinguns
gen nothwendig a priori ſtehen.

Hieraus folgt denn zweytens auch eine ſpecifiſch eis
genthümliche Beweisart derſelben: daß die gedachte Grunds
ſätze

fätze auch nicht geradezu auf Erſcheinungen und ihr Verhältniß, ſondern auf die Möglichkeit der Erfahrung, wovon Erſcheinungen nur die Materie, nicht aber die Form
ausmachen, d. i. auf objectiv- und allgemeingültige ſynthetiſche Sätze, worin ſich eben Erfahrungsurtheile von
bloſſen Wahrnehmungsurtheilen unterſcheiden, bezogen
werden. Dieſes geſchieht dadurch, daß die Erſcheinungen als bloſſe Anſchauungen, welche einen <u>Theil von
Raum und Zeit</u> einnehmen, unter dem Begrif der
Gröſſe ſtehen, welcher das Mannigfaltige derſelben a priori nach Regeln ſynthetiſch vereinigt, daß, ſo fern die
Wahrnehmung auſſer der Anſchauung auch Empfindung
enthält, zwiſchen welcher und der Null, d. i. dem völligen
Verſchwinden derſelben, jederzeit ein Uebergang durch Ver-
ringerung ſtattfindet, das Reale der Erſcheinungen einen
Grad haben müſſe, ſo fern ſie nämlich ſelbſt keinen Theil
von Raum oder Zeit einnimt, *) aber doch der Uebergang zu ihr von der leeren Zeit oder Raum nur in der

Zeit

*) Die Wärme, das Licht ꝛc. ſind im kleinen Raume (dem Gra-
de nach) eben ſo groß, als in einem groſſen; eben ſo die innere
Vorſtellungen, der Schmerz, das Bewuſtſeyn überhaupt nicht
keiner dem Grade nach, ob ſie eine kurze oder lange Zeit hindurch dauren. Daher iſt die Gröſſe hier in einem Puncte und
in einem Augenblicke eben ſo groß als in jedem noch ſo groſſen
Raume oder Zeit. Grade ſind alſo gröſſer, aber nicht in der Anſchauung, ſondern der bloſſen Empfindung nach, oder auch die
Gröſſe des Grundes einer Anſchauung, und können nur durch das
Verhältniß von 1 zu 0, d. i. dadurch, daß eine jede derſelben
durch unendliche Zwiſchengrade bis zum Verſchwinden, oder
von der Null durch unendliche Momente des Zuwachſes bis zu
einer beſtimmten Empfindung, in einer gewiſſen Zeit erwachſen
kan, als Gröſſen geſchätzt werden. (Quantitas qualitatis eſt gradus.)

Zeit möglich ist, mithin, obzwar Empfindung, als die
Qualität der empirischen Anschauung, in Ansehung dessen,
worin sie sich specifisch von andern Empfindungen unterscheidet, niemals a priori erkant werden kan, sie dennoch
in einer möglichen Erfahrung überhaupt, als Grösse der
Wahrnehmung intensiv von jeder andern gleichartigen unterschieden werden könne; woraus denn die Anwendung
der Mathematik auf Natur, in Ansehung der sinnlichen
Anschauung, durch welche sie uns gegeben wird, zuerst
möglich gemacht, und bestimmt wird.

Am meisten aber muß der Leser auf die Beweisart
der Grundsätze, die unter dem Namen der Analogien der
Erfahrung vorkommen, aufmerksam seyn. Denn weil
diese nicht, so wie die Grundsätze der Anwendung der Mathematik auf Naturwissenschaft überhaupt, die Erzeugung
der Anschauungen, sondern die Verknüpfung ihres Daseyns
in einer Erfahrung betreffen, diese aber nicht anders, als
die Bestimmung der Existenz in der Zeit nach nothwendigen Gesetzen seyn kan, unter denen sie allein objectiv-gültig, mithin Erfahrung ist: so geht der Beweis nicht auf
die synthetische Einheit in der Verknüpfung der Dinge
an sich selbst, sondern der Wahrnehmungen, und zwar
dieser nicht in Ansehung ihres Inhalts, sondern der Zeit-
bestimmung und des Verhältnisses des Daseyns in ihr,
nach allgemeinen Gesetzen. Diese allgemeinen Gesetze enthalten also die Nothwendigkeit der Bestimmung des Daseyns in der Zeit überhaupt (folglich nach einer Regel

des

des Verstandes a priori,) wenn die empirische Bestimmung
in der relativen Zeit objectiv-gültig, mithin Erfahrung
seyn soll. Mehr kan ich hier als in Prolegomenen nicht
anführen, als nur, daß ich dem Leser, welcher in der lan-
gen Gewohnheit steckt, Erfahrung vor eine blos empirische Zusammensetzung der Wahrnehmungen zu halten, und
daher daran gar nicht denkt, daß sie viel weiter geht, als
diese reichen, nämlich empirischen Urtheilen Allgemeingültigkeit giebt und dazu einer reinen Verstandeseinheit bedarf, die a priori vorhergeht, empfehle: auf diesen Unterschied der Erfahrung von einem blossen Aggregat von
Wahrnehmungen wohl Acht zu haben, und aus diesem
Gesichtspuncte die Beweisart zu beurtheilen.

### §. 27.

Hier ist nun der Ort, den Humischen Zweifel aus
dem Grunde zu heben. Er behauptete mit Recht: daß
wir die Möglichkeit der Caussalität, d. i. der Beziehung
des Daseyns eines Dinges auf das Daseyn von irgend etwas anderem, was durch jenes nothwendig gesetzt werde,
durch Vernunft auf keine Weise einsehen. Ich setze noch
hinzu, daß wir eben so wenig den Begrif der Subsistenz
d. i. der Nothwendigkeit darin einsehen, daß dem Daseyn
der Dinge ein Subject zum Grunde liege, das selbst kein
Prädicat von irgend einem anderen Dinge seyn könne, ja
sogar, daß wir uns keinen Begrif von der Möglichkeit eines solchen Dinges machen können, (obgleich wir in der Er-

G                     fah-

fahrung Beyspiele seines Gebrauchs aufzeigen können) im
gleichen, daß eben diese Unbegreiflichkeit auch die Gemein
schaft der Dinge betreffe, indem gar nicht einzusehen ist, wie
aus dem Zustande eines Dinges eine Folge auf den Zu
stand ganz anderer Dinge außer ihm, und so wechselseitig,
könne gezogen werden, und wie Substanzen, deren jede
doch ihre eigene abgesonderte Existenz hat, von einander
und zwar nothwendig abhängen sollen. Gleichwol bin ich
weit davon entfernet, diese Begriffe als blos aus der Er
fahrung entlehnt, und die Nothwendigkeit, die in ihnen
vorgestellt wird, als angedichtet, und vor blossen Schein
zu halten, den uns eine lange Gewohnheit vorspiegelt;
vielmehr habe ich hinreichend gezeigt, daß sie und die
Grundsätze aus denselben a priori vor aller Erfahrung fest
stehen, und ihre ungezweifelte objective Richtigkeit, aber
freylich nur in Ansehung der Erfahrung haben.

### §. 28.

Ob ich also gleich von einer solchen Verknüpfung der
Dinge an sich selbst, wie sie als Substanz existiren, oder als
Ursache wirken, oder mit andern (als Theile eines realen
Ganzen) in Gemeinschaft stehen können, nicht den mindesten
Begrif habe, noch weniger aber dergleichen Eigenschaften an
Erscheinungen als Erscheinungen denken kan (weil jene Be
griffe nichts, was in den Erscheinungen liegt, sondern, was
der Verstand allein denken muß, enthalten,) so haben wir
doch von einer solchen Verknüpfung der Vorstellungen in un
serm

ferm Verstande, und zwar in Urtheilen überhaupt, einen dergleichen Begrif, nämlich: daß Vorstellungen in einer Art
Urtheile als Subject in Beziehung auf Prädicate, in einer
anderen als Grund in Beziehung auf Folge, und in einer
dritten als Theile, die zusammen ein ganzes mögliches Erkentniß ausmachen, gehören. Ferner erkennen wir a
priori: daß ohne die Vorstellung eines Objects in Ansehung einer oder der andern dieser Momente als bestimmt
anzusehen, wir gar keine Erkentniß, die von dem Gegenstande gelte, haben könten, und, wenn wir uns mit dem
Gegenstande an sich selbst beschäftigten, so wäre kein einziges Merkmal möglich, woran ich erkennen könte, daß es
in Ansehung eines oder des andern gedachter Momente bestimmt sey, d. i. unter den Begrif der Substanz, oder der
Ursache, oder (im Verhältniß gegen andere Substanzen)
unter den Begrif der Gemeinschaft gehöre; denn von der
Möglichkeit einer solchen Verknüpfung des Daseyns habe
ich keinen Begrif. Es ist aber auch die Frage nicht, wie
Dinge an sich, sondern, wie Erfahrungserkentniß der
Dinge in Ansehung gedachter Momente der Urtheile überhaupt bestimmt sey, d. i. wie Dinge, als Gegenstände der
Erfahrung, unter jene Verstandesbegriffe können und sollen subsumirt werden. Und da ist es klar: daß ich nicht
allein die Möglichkeit, sondern auch die Nothwendigkeit,
alle Erscheinungen unter diese Begriffe zu subsumiren, d. i.
sie zu Grundsätzen der Möglichkeit der Erfahrung zu brauchen, vollkommen einsehe.

G 2          §. 29.

### §. 29.

Um einen Verſuch an Humes problematiſchem Begrif (dieſem ſeinem crux metaphyſicorum), nåmlich dem Begriffe der Urſache, zu machen, ſo iſt mir erſtlich vermittelſt der Logik die Form eines bedingten Urtheils überhaupt, nåmlich, ein gegebenes Erkentniß als Grund, und das andere als Folge zu gebrauchen, a priori gegeben. Es iſt aber möglich, daß in der Wahrnehmung eine Regel des Verhåltniſſes angetroffen wird, die da ſagt: daß auf eine gewiſſe Erſcheinung eine andere, (obgleich nicht umgekehrt) beſtåndig folgt, und dieſes iſt ein Fall, mich des hypothetiſchen Urtheils zu bedienen, und z. B. zu ſagen, wenn ein Córper lange gnug von der Sonne beſchienen iſt, ſo wird er warm. Hier iſt nun freylich noch nicht eine Nothwendigkeit der Verknüpfung, mithin der Begrif der Urſache. Allein ich fahre fort, und ſage: wenn obiger Satz, der blos eine ſubjective Verknüpfung der Wahrnehmungen iſt, ein Erfahrungsſatz ſeyn ſoll, ſo muß er als nothwendig und allgemeingültig angeſehen werden. Ein ſolcher Satz aber würde ſeyn: Sonne iſt durch ihr Licht die Urſache der Wårme. Die obige empiriſche Regel wird nunmehr als Geſetz angeſehen, und zwar nicht als geltend blos von Erſcheinungen, ſondern von ihnen zum Behuf einer möglichen Erfahrung, welche durchgångig und alſo nothwendig gültige Regeln bedarf. Ich ſehe alſo den Begrif der Urſache, als einen zur bloſſen Form der Erfahrung nothwendig gehörigen Begrif, und deſſen Möglichkeit als ei=

einer ſynthetiſchen Vereinigung der Wahrnehmungen in eis
nem Bewuſtſeyn überhaupt, ſehr wohl ein: die Möglichs
keit eines Dinges überhaupt aber, als einer Urſache, ſehe
ich gar nicht ein, und zwar darum, weil der Begrif der
Urſache ganz und gar keine den Dingen, ſondern nur der
Erfahrung anhängende Bedingung andeuter, nämlich, daß
dieſe nur eine objectiv-gültige Erkentniß von Erſcheinuns
gen und ihrer Zeitfolge ſeyn könne, ſo fern die vorhergehende mit der nachfolgenden nach der Regel hypothetiſcher
Urtheile verbunden werden kan.

## §. 30.

Daher haben auch die reine Verſtandesbegriffe ganz
und gar keine Bedeutung, wenn ſie von Gegenſtänden der
Erfahrung abgehen und auf Dinge an ſich ſelbſt (noumena) bezogen werden wollen. Sie dienen gleichſam nur,
Erſcheinungen zu buchſtabiren, um ſie als Erfahrung leſen
zu können, die Grundſätze, die aus der Beziehung derſelben auf die Sinnenwelt entſpringen, dienen nur unſerm
Verſtande zum Erfahrungsgebrauch; weiter hinaus ſind
es willkührliche Verbindungen, ohne objective Realität,
deren Möglichkeit man weder a priori erkennen, noch ihs
re Beziehung auf Gegenſtände durch irgend ein Beyſpiel
beſtättigen, oder nur verſtändlich machen kan, weil alle
Beyſpiele nur aus irgend einer möglichen Erfahrung ents
lehnt, mithin auch die Gegenſtände jener Begriffe nirgend
anders, als in einer möglichen Erfahrung angetroffen wers
den können.

G 3　　　　　　　Dies

Diese vollständige, obzwar wider die Vermuthung des Urhebers ausfallende Auflösung des Humischen Problems rettet also den reinen Verstandesbegriffen ihren Ursprung a priori, und den allgemeinen Naturgesetzen ihre Gültigkeit, als Gesetzen des Verstandes, doch so, daß sie ihren Gebrauch nur auf Erfahrung einschränkt, darum, weil ihre Möglichkeit blos in der Beziehung des Verstandes auf Erfahrung ihren Grund hat: nicht aber so, daß sie sich von Erfahrung, sondern daß Erfahrung sich von ihnen ableitet, welche ganz umgekehrte Art der Verknüpfung Hume sich niemals einfallen ließ.

Hieraus fließt nun folgendes Resultat aller bisherigen Nachforschungen: „Alle synthetische Grundsätze a priori sind nichts weiter, als Principien möglicher Erfahrung,„ und können niemals auf Dinge an sich selbst, sondern nur auf Erscheinungen, als Gegenstände der Erfahrung, bezogen werden. Daher auch reine Mathematik sowol als reine Naturwissenschaft niemals auf irgend etwas mehr als bloße Erscheinungen gehen können, und nur das vorstellen, was entweder Erfahrung überhaupt möglich macht, oder was, indem es aus diesen Principien abgeleitet ist, jederzeit in irgend einer möglichen Erfahrung muß vorgestellt werden können.

## §. 31.

Und so hat man denn einmal etwas bestimmtes, und woran man sich bey allen metaphysischen Unternehmungen, die

die bisher, kühn gnug, aber jederzeit blind, über alles ohne Unterschied gegangen sind, halten kan. Dogmatische Denker haben sich es niemals einfallen laßen, daß das Ziel ihrer Bemühungen so kurz sollte ausgesteckt werden, und selbst diejenige nicht, die, trozig auf ihre vermeinte gesunde Vernunft, mit zwar rechtmäßigen und natürlichen, aber zum bloßen Erfahrungsgebrauch bestimmten Begriffen und Grundsätzen der reinen Vernunft auf Einsichten ausgingen, vor die sie keine bestimmte Grenzen kanten, noch kennen konten, weil sie über die Natur und selbst die Möglichkeit eines solchen reinen Verstandes niemals entweder nachgedacht hatten oder nachzudenken vermochten.

Mancher Naturalist der reinen Vernunft (darunter ich den verstehe, welcher sich zutraut, ohne alle Wissenschaft in Sachen der Methaphysik zu entscheiden) möchte wohl vorgeben, er habe das, was hier mit so viel Zurüstung, oder, wenn er lieber will, mit weitschweifigem pedantischen Pompe vorgetragen worden, schon längst durch den Wahrsagergeist seiner gesunden Vernunft nicht blos vermuthet, sondern auch gewußt und eingesehen: „daß wir nämlich mit aller unserer Vernunft über das Feld der Erfahrungen nie hinaus kommen können.„ Allein da er doch, wenn man ihm seine Vernunftprincipien allmählig abfrägt, gestehen muß, daß darunter viele sind, die er nicht aus Erfahrung geschöpft hat, die also von dieser unabhängig und a priori gültig sind, wie und mit welchen Gründen will er denn den Dogmatiker und sich selbst in Schranken halten

ten

ten, der dieser Begriffe und Grundsätze über alle mögliche
Erfahrung hinaus bedient, darum eben weil sie unabhängig von dieser erkant werden. Und selbst er, dieser Adept
der gesunden Vernunft, ist so sicher nicht, ungeachtet aller
seiner angemaßten wohlfeil erworbenen Weisheit, unvermerkt über Gegenstände der Erfahrung hinaus in das Feld
der Hirngespinste zu gerathen. Auch ist er gemeiniglich tief
gnug drin verwickelt, ob er zwar durch die populaire Sprache, da er alles blos vor Wahrscheinlichkeit, vernünftige Vermuthungen oder Analogie ausgiebt, seinen
grundlosen Ansprüchen einigen Anstrich giebt.

### §. 32.

Schon von den ältesten Zeiten der Philosophie her,
haben sich Forscher der reinen Vernunft, auser den Sinnenwesen oder Erscheinungen, (phaenomena) die die
Sinnenwelt ausmachen, noch besondere Verstandeswesen,
(noumena) welche eine Verstandeswelt ausmachen sollten,
gedacht, und da sie (welches einem noch unausgebildeten
Zeitalter wohl zu verzeihen war) Erscheinung und Schein
vor einerley hielten, den Verstandeswesen allein Wirklichkeit zugestanden.

In der That, wenn wir die Gegenstände der Sinne,
wie billig, als blosse Erscheinungen ansehen, so gestehen
wir hiedurch doch zugleich, daß ihnen ein Ding an sich selbst
zum Grunde liege, ob wir dasselbe gleich nicht, wie es an
sich beschaffen sey, sondern nur seine Erscheinung, d. i.
die

die Art, wie unsre Sinnen von diesem unbekanten Etwas afficirt werden, kennen. Der Verstand also, eben dadurch, daß er Erscheinungen annimmt, gesteht auch das Daseyn von Dingen an sich selbst zu, und so fern können wir sagen, daß die Vorstellung solcher Wesen, die den Erscheinungen zum Grunde liegen, mithin bloßer Verstandeswesen nicht allein zuläßig, sondern auch unvermeidlich sey.

Unsere critische Deduction schließt dergleichen Dinge (Noumena) auch keinesweges aus, sondern schränkt vielmehr die Grundsätze der Aesthetik dahin ein, daß sie sich ja nicht auf alle Dinge erstrecken sollen, wodurch alles in bloße Erscheinung verwandelt werden würde, sondern daß sie nur von Gegenständen einer möglichen Erfahrung gelten sollen. Also werden hiedurch Verstandeswesen zugelaßen, nur mit Einschärfung dieser Regel, die gar keine Ausnahme leidet: daß wir von diesen reinen Verstandeswesen ganz und gar nichts bestimmtes wissen, noch wissen können, weil unsere reine Verstandesbegriffe so wol als reine Anschauungen auf nichts als Gegenstände möglicher Erfahrung, mithin auf bloße Sinnenwesen gehen, und, so bald man von diesen abgeht, jenen Begriffen nicht die mindeste Bedeutung mehr übrig bleibt.

## §. 33.

Es ist in der That mit unseren reinen Verstandesbegriffen etwas verfängliches, in Ansehung der Anlockung zu einem transscendenten Gebrauch; denn so nenne ich dens

jenigen, der über alle mögliche Erfahrung hinausgeht. Nicht allein, daß unsere Begriffe der Substanz, der Kraft, der Handlung, der Realität ꝛc. ganz von der Erfahrung unabhängig sind, imgleichen gar keine Erscheinung der Sinne enthalten, also in der That auf Dinge an sich selbst (noumena) zu gehen scheinen, sondern, was diese Vermuthung noch bestärkt, sie enthalten eine Nothwendigkeit der Bestimmung in sich, der die Erfahrung niemals gleich kommt. Der Begrif der Ursache enthält eine Regel, nach der aus einem Zustande ein anderer nothwendiger Weise folgt; aber die Erfahrung kan uns nur zeigen, daß oft, und wenn es hoch kommt, gemeiniglich auf einen Zustand der Dinge ein anderer folge, und kañ also weder strenge Allgemeinheit, noch Nothwendigkeit verschaffen ꝛc.

Daher scheinen Verstandesbegriffe viel mehr Bedeutung und Inhalt zu haben, als daß der blosse Erfahrungsgebrauch ihre ganze Bestimmung erschöpfte, und so baut sich der Verstand unvermerkt an das Haus der Erfahrung noch ein viel weitläuftigeres Nebengebäude an, welches er mit lauter Gedankenwesen anfüllt, ohne es einmal zu merken, daß er sich mit seinen sonst richtigen Begriffen über die Grenzen ihres Gebrauchs verstiegen habe.

## §. 34.

Es waren also zwey wichtige, ja ganz unentbehrliche, obzwar äußerst trockene Untersuchungen nöthig, welche Crit. Seite 137 ꝛc. und 235 ꝛc. angestellt worden, durch deren

erſtere gezeigt wurde, daß die Sinne nicht die reine Ver=
ſtandesbegriffe in concreto, ſondern nur das Schema
zum Gebrauche derſelben an die Hand geben, und der ihm
gemäſſe Gegenſtand nur in der Erfahrung (als dem Pro=
ducte des Verſtandes aus Materialien der Sinnlichkeit)
angetroffen werde. In der zwepten Unterſuchung (Crit.
S. 235.) wird gezeigt; daß ungeachtet der Unabhängigkeit
unſrer reinen Verſtandesbegriffe und Grundſätze von Er=
fahrung, ja ſelbſt ihrem ſcheinbarlich gröſſeren Umfange
des Gebrauchs, dennoch durch dieſelbe, auſſer dem Felde
der Erfahrung, gar nichts gedacht werden könne, weil ſie
nichts thun können, als blos die logiſche Form des Urtheils
in Anſehung gegebener Anſchauungen beſtimmen; da es
aber über das Feld der Sinnlichkeit hinaus ganz und gar
keine Anſchauung giebt, jenen reinen Begriffen es ganz
und gar an Bedeutung fehle, indem ſie durch kein Mittel
in concreto können dargeſtellt werden, folglich alle ſolche
Noumena, zuſamt dem Inbegrif derſelben; einer intel=
ligibeln *) Welt, nichts als Vorſtellungen einer Aufgabe
ſind,

*) Nicht (wie man ſich gemeiniglich ausdrückt) intellectuellen
Welt. Denn intellectuel ſind die Erkentniſſe durch den Ver=
ſtand, und dergleichen gehen auch auf unſere Sinnenwelt; in=
telligibel aber heiſſen Gegenſtände, ſo fern ſie blos durch den
Verſtand vorgeſtellt werden können und auf die keine unſerer
ſinnlichen Anſchauungen gehen kan. Da aber doch jedem Ge=
genſtande irgend eine mögliche Anſchauung entſprechen muß, ſo
würde man ſich einen Verſtand denken müſſen, der unmittelbar
Dinge anſchauete; von einem ſolchen aber haben wir nicht den
mindeſten Begrif, mithin auch nicht von den Verſtandesweſen,
auf die er gehen ſoll.

find, deren Gegenstand an sich wohl möglich, deren Auflösung aber, nach der Natur unseres Verstandes, gänzlich
unmöglich ist, indem unser Verstand kein Vermögen der
Anschauung, sondern blos der Verknüpfung gegebener
Anschauungen in einer Erfahrung ist, und daß diese daher
alle Gegenstände vor unsere Begriffe enthalten müsse, auß-
ser ihr aber alle Begriffe, da ihnen keine Anschauung unterlegt werden kan, ohne Bedeutung seyn werden.

## §. 35.

Es kan der Einbildungskraft vielleicht verziehen werden, wenn sie bisweilen schwärmt, d. i. sich nicht behut-
sam innerhalb den Schranken der Erfahrung hält, denn
wenigstens wird sie durch einen solchen freyen Schwung be-
lebt und gestärkt, und es wird immer leichter seyn, ihre
Kühnheit zu mässigen, als ihrer Mattigkeit aufzuhelfen.
Daß aber der Verstand, der denken soll, an dessen statt
schwärmt, das kan ihm niemals verziehen werden; denn
auf ihm beruht allein alle Hülfe, um der Schwärmerey
der Einbildungskraft, wo es nöthig ist, Grenzen zu
setzen.

Er fängt es aber hiemit sehr unschuldig und sittsam
an. Zuerst bringt er die Elementarerkentnisse, die ihm
vor aller Erfahrung beywohnen, aber dennoch in der Erfahrung immer ihre Anwendung haben müssen, ins Reine.
Allmählig läßt er diese Schranken weg, und was sollte ihn
auch daran hindern, da der Verstand ganz frey seine

Grund-

Grundſätze aus ſich ſelbſt genommen hat? und nun geht
es zuerſt auf neu erdachte Kräfte in der Natur, bald hernach auf Weſen auſſerhalb der Natur, mit einem Wort
auf eine Welt, zu deren Einrichtung es uns an Bauzeug
nicht fehlen kan, weil es durch fruchtbare Erdichtung reichlich herbeygeſchafft, und durch Erfahrung zwar nicht be-
ſtättigt, aber auch niemals widerlegt wird. Das iſt auch
die Urſache, weswegen junge Denker Metaphyſik in ächter
dogmatiſcher Manier ſo lieben, und ihr oft ihre Zeit und
ihr ſonſt brauchbares Talent aufopfern.

Es kan aber gar nichts helfen, jene fruchtloſe Ver-
ſuche der reinen Vernunft durch allerley Erinnerungen wegen der Schwierigkeit der Auflöſung ſo tief verborgener
Fragen, Klagen über die Schranken unſerer Vernunft,
und Herabſetzung der Behauptungen auf bloſſe Muthmaſſungen, mäſſigen zu wollen. Denn wenn die Unmöglichkeit derſelben nicht deutlich dargethan worden, und die
Selbſterkenntniß der Vernunft nicht wahre Wiſſenſchaft
wird, worin das Feld ihres richtigen von dem ihres nich-
tigen und fruchtloſen Gebrauchs, ſo zu ſagen, mit geome-
triſcher Gewißheit unterſchieden wird, ſo werden jene eitle
Beſtrebungen niemals völlig abgeſtellt werden.

## §. 36.
### Wie iſt Natur ſelbſt möglich?

Dieſe Frage, welche der höchſte Punct iſt, den
transſcendentale Philoſophie nur immer berühren mag, und

ju

zu welchem sie auch, als ihrer Grenze und Vollendung, geführt werden muß, enthält eigentlich zwey Fragen.

Erstlich: Wie ist Natur in <u>materieller</u> Bedeutung, nämlich der Anschauung nach, als der Inbegrif der Erscheinungen, wie ist Raum, Zeit, und das, was beyde erfüllt, der Gegenstand der Empfindung, überhaupt möglich? Die Antwort ist: vermittelst der Beschaffenheit unserer Sinnlichkeit, nach welcher sie, auf di<u>e ih</u>r eigenthümliche Art, von Gegenständen, die ihr an sich selbst unbekant, und von jenen Erscheinungen ganz <u>unterschieden</u> sind, gerührt wird. Diese Beantwortung ist, in dem Buche selbst, in der transscendentalen Aesthetik, hier aber in den Prolegomenen durch die Auflösung der ersten Hauptfrage, gegeben worden.

Zweytens: Wie ist Natur in formeller Bedeutung, als der Inbegrif der <u>Regeln</u>, unter denen alle Erscheinungen stehen müssen, wenn sie in einer Erfahrung als verknüpft gedacht werden sollen, möglich? Die Antwort kan nicht anders ausfallen, als: sie ist nur möglich vermittelst der Beschaffenheit <u>unseres Verstandes</u>, nach welcher alle jene Vorstellungen der Sinnlichkeit auf ein Bewußtseyn nothwendig bezogen werden, und wodurch allererst die eigenthümliche Art unseres Denkens, nämlich durch Regeln, und vermittelst dieser die Erfahrung, welche von der Einsicht der Objecte an sich selbst ganz zu unterscheiden ist, möglich ist. Diese Beantwortung ist in dem Buche selbst, in der transscendentalen Logik, hier aber in den

Pro=

Prolegomenen, in dem Verlauf der Auflösung der zweyten Hauptfrage gegeben worden.

Wie aber diese eigenthümliche Eigenschaft unsrer Sinnlichkeit selbst, oder die unseres Verstandes und der ihm und allem Denken zum Grunde liegenden nothwendigen Apperception, möglich sey, läßt sich nicht weiter auflösen und beantworten, weil wir ihrer zu aller Beantwortung und zu allem Denken der Gegenstände immer wieder nöthig haben.

Es sind viele Gesetze der Natur, die wir nur vermittelst der Erfahrung wissen können, aber die Gesetzmäßigkeit in Verknüpfung der Erscheinungen, d. i. die Natur überhaupt, können wir durch keine Erfahrung kennen lernen, weil Erfahrung selbst solcher Gesetze bedarf, die ihrer Möglichkeit a priori zum Grunde liegen.

Die Möglichkeit der Erfahrung überhaupt ist also zugleich das allgemeine Gesetz der Natur, und die Grundsätze der erstern sind selbst die Gesetze der letztern. Denn wir kennen Natur nicht anders, als den Inbegrif der Erscheinungen d. i. der Vorstellungen in uns, und können daher das Gesetz ihrer Verknüpfung nirgend anders, als von den Grundsätzen der Verknüpfung derselben in uns, d. i. den Bedingungen der nothwendigen Vereinigung in einem Bewußtseyn, welche die Möglichkeit der Erfahrung ausmacht, hernehmen.

Selbst der Hauptsatz, der durch diesen ganzen Abschnitt ausgeführt worden, daß allgemeine Naturgesetze a

prio-

priori erkant werden können, führt schon von selbst auf
den Satz: daß die oberste Gesetzgebung der Natur in uns
selbst, d. i. in unserm Verstande liegen müsse, und daß
wir die allgemeinen Gesetze derselben nicht von der Natur
vermittelst der Erfahrung, sondern umgekehrt, die Natur
ihrer allgemeinen Gesetzmässigkeit nach, blos aus den in un=
serer Sinnlichkeit und dem Verstande liegenden Bedingun=
gen der Möglichkeit der Erfahrung suchen müssen; denn
wie wäre es sonst möglich, diese Gesetze, da sie nicht etwa
Regeln der analytischen Erkentniß, sondern wahrhafte
synthetische Erweiterungen derselben sind, a priori zu ken=
nen? Eine solche und zwar nothwendige Uebereinstimmung
der Principien möglicher Erfahrung mit den Gesetzen der
Möglichkeit der Natur, kan nur aus zweyerley Ursachen
stattfinden: entweder diese Gesetze werden von der Natur
vermittelst der Erfahrung entlehnt, oder umgekehrt die
Natur wird von den Gesetzen der Möglichkeit der Erfah=
rung überhaupt abgeleitet, und ist mit der blossen allge=
meinen Gesetzmässigkeit der letztern völlig einerley. Das
erstere widerspricht sich selbst, denn die allgemeinen Natur=
gesetze können und müssen a priori (d. i. unabhängig von
aller Erfahrung) erkant, und allem empirischen Gebrau=
che des Verstandes zum Grunde gelegt werden, also bleibt
nur das zweyte übrig. *).

Wie

*) Crusius allein wußte einen Mittelweg: daß nämlich ein Geist,
der nicht irren noch betriegen kan, uns diese Naturgesetze ur=
sprünglich eingepflanzt habe. Allein, da sich doch oft auch
trügliche Grundsätze einmischen, wovon das System dieses Man=

Wir müssen aber empirische Gesetze der Natur, die
jederzeit besondere Wahrnehmungen voraussetzen, von den
reinen, oder allgemeinen Naturgesetzen, welche, ohne daß
besondere Wahrnehmungen zum Grunde liegen, blos die
Bedingungen ihrer nothwendigen Vereinigung in einer Erfahrung enthalten, unterscheiden, und in Ansehung der
letztern ist Natur und mögliche Erfahrung ganz und gar
einerley, und da in dieser die Gesetzmäßigkeit auf der
nothwendigen Verknüpfung der Erscheinungen in einer Erfahrung (ohne welche wir ganz und gar keinen Gegenstand
der Sinnenwelt erkennen können) mithin auf den ursprüng-
lichen Gesetzen des Verstandes beruht, so klingt es zwar
anfangs befremdlich, ist aber nichts desto weniger gewiß,
wenn ich in Ansehung der letztern sage: Der Verstand
schöpft seine Gesetze (a priori) nicht aus der Natur,
sondern schreibt sie dieser vor.

### §. 37.

Wir wollen diesen dem Anscheine nach gewagten
Satz durch ein Beyspiel erläutern, welches zeigen soll:
daß Gesetze, die wir an Gegenständen der sinnlichen Anschauung entdecken, vornemlich wenn sie als nothwendig er-

er-

nes selbst nicht wenig Beyspiele giebt, so sieht es bey dem Mangel sicherer Criterien, den ächten Ursprung von dem unächten zu
unterscheiden, mit dem Gebrauche eines solchen Grundsatzes sehr
mißlich aus, indem man niemals sicher wissen kan, was der
Geist der Wahrheit oder der Vater der Lügen uns eingeflößt haben möge.

H

erkannt worden, von uns selbst schon vor solche gehalten werden, die der Verstand hinein gelegt, ob sie gleich den Naturgesetzen, die wir der Erfahrung zuschreiben, sonst in allen Stücken ähnlich sind.

## §. 38.

Wenn man die Eigenschaften des Cirkels betrachtet, dadurch diese Figur so manche willkührliche Bestimmungen des Raums in ihr, so fort in einer allgemeinen Regel vereinigt, so kan man nicht umhin, diesem geometrischen Dinge eine Natur beyzulegen. So theilen sich nämlich zwey Linien, die sich einander und zugleich den Cirkel schneiden, nach welchem Ohngefähr sie auch gezogen werden, doch jederzeit so regelmässig: daß das Rectangel aus den Stücken einer jeden Linie dem der andern gleich ist. Nun frage ich, „liegt dieses Gesetz im Cirkel, oder liegt es im Verstande,„ d. i. enthält diese Figur, unabhängig vom Verstande, den Grund dieses Gesetzes in sich, oder legt der Verstand, indem er nach seinen Begriffen (nämlich der Gleichheit der Halbmesser) die Figur selbst construirt hat, zugleich das Gesetz der einander in geometrischer Propor̄tion schneidenden Sehnen in dieselbe hinein? Man wird bald gewahr, wenn man den Beweisen dieses Gesetzes nach̄geht, daß es allein von der Bedingung, die der Verstand der Construction dieser Figur zum Grunde legte, nämlich der Gleichheit der Halbmesser könne abgeleitet werden. Erweitern wir diesen Begrif nun, die Einheit mannigfal̄

tl̄

tiger Eigenschaften geometrischer Figuren unter gemeinschaftlichen Gesetzen noch weiter zu verfolgen, und betrachten den Cirkel als einen Kegelschnitt, der also mit andern
Kegelschnitten unter eben denselben Grundbedingungen der
Construction steht, so finden wir, daß alle Sehnen, die sich
innerhalb der letztern, der Ellipse, der Parabel und Hyper-
bel schneiden, es jederzeit so thun, daß die Rectangel aus
ihren Theilen zwar nicht gleich, aber doch immer in gleichen Verhältnissen gegen einander stehen. Gehen wir von
da noch weiter, nämlich zu den Grundlehren der physischen
Astronomie, so zeigt sich ein über die ganze materielle Natur verbreitetes physisches Gesetz der wechselseitigen Attraction, deren Regel ist, daß sie umgekehrt mit dem Quadrat
der Entfernungen von jedem anziehenden Punct eben so abnehmen, wie die Kugelflächen, in die sich diese Kraft ver-
breitet, zunehmen, welches als nothwendig in der Natur
der Dinge selbst zu liegen scheint, und daher auch als
a priori erkennbar vorgetragen zu werden pflegt. So
einfach nun auch die Quellen dieses Gesetzes seyn, indem
sie blos auf dem Verhältnisse der Kugelfläche von verschiedenen Halbmessern beruhen, so ist doch die Folge davon so
vortreflich in Ansehung der Mannigfaltigkeit ihrer Zusam-
menstimmung und Regelmäßigkeit derselben, daß nicht allein alle mögliche Bahnen der Himmelscörper in Kegelschnitten, sondern auch ein solches Verhältniß derselben unter
einander erfolgt, daß kein ander Gesetz der Attraction, als
das des umgekehrten Quadratverhältnisses der Entfer-

nun-

nungen zu einem Weltſyſtem alß ſchicklich erdacht wer=
den kan.

Hier iſt alſo Natur, die auf Geſetzen beruht, welche
der Verſtand a priori erkent, und zwar vornemlich auß
allgemeinen Principien der Beſtimmung deß Raums.
Nun frage ich: liegen dieſe Naturgeſetze im Raume, und
lernt ſie der Verſtand, indem er den reichhaltigen Sinn,
der in jenem liegt, blos zu erforſchen ſucht, oder liegen
ſie im Verſtande und in der Art, wie dieſer den Raum
nach den Bedingungen der ſynthetiſchen Einheit, darauf
ſeine Begriffe insgeſamt auslaufen, beſtimmt. Der Raum
iſt etwas ſo gleichförmiges und in Anſehung aller beſondern
Eigenſchaften ſo unbeſtimmtes, daß man in ihm gewiß kei=
nen Schatz von Naturgeſetzen ſuchen wird. Dagegen iſt
das, was den Raum zur Cirkelgeſtalt, der Figur des Ke=
gels und der Kugel beſtimmt, der Verſtand, ſo fern er
den Grund der Einheit der Konſtruction derſelben enthält.
Die bloſſe allgemeine Form der Anſchauung, die Raum
heißt, iſt alſo wohl das Subſtratum aller auf beſondere
Objecte beſtimmbaren Anſchauungen, und in jenem liegt
freylich die Bedingung der Möglichkeit und Mannigfaltig=
keit der letztern; aber die Einheit der Objecte wird doch
lediglich durch den Verſtand beſtimmt, und zwar nach Be=
dingungen, die in ſeiner eigenen Natur liegen, und ſo iſt
der Verſtand der Urſprung der allgemeinen Ordnung der
Natur, indem er alle Erſcheinungen unter ſeine eigene Ge=
ſetze faßt, und dadurch allererſt Erfahrung (ihrer Form
nach)

nach) a priori zu Stande bringt, vermöge deren alles, was nur durch Erfahrung erkant werden soll, seinen Gesetzen nothwendig unterworfen wird. Denn wir haben es nicht mit der Natur der Dinge an sich selbst zu thun, die ist sowohl von Bedingungen unserer Sinnlichkeit als des Verstandes unabhängig, sondern mit der Natur, als einem Gegenstande möglicher Erfahrung, und da macht es der Verstand, indem er diese möglich macht, zugleich, daß Sinnenwelt entweder gar kein Gegenstand der Erfahrung oder eine Natur ist.

## §. 39.
### Anhang
#### zur
## reinen Naturwissenschaft
#### von dem
### System der Categorien.

Es kan einem Philosophen nichts erwünschter seyn, als wenn er das Mannigfaltige der Begriffe oder Grundsätze, die sich ihm vorher durch den Gebrauch, den er von ihnen in concreto gemacht hatte, zerstreut dargestellt hatten, aus einem Princip a priori ableiten, und alles auf solche Weise in eine Erkentniß vereinigen kan. Vorher glaubte er nur, daß, was ihm nach einer gewissen Abstraction übrig blieb, und, durch Vergleichung unter einander, eine besondere Art von Erkentnissen auszumachen

H 3 schien,

schlen, vollständig gesammlet sey, aber es war nur ein Aggregat; jetzt weiß er, daß gerade nur so viel, nicht mehr, nicht weniger, die Erkentnißart ausmachen könne, und sahe die Nothwendigkeit seiner Eintheilung ein, welches ein Begreifen ist, und nun hat er allererst ein System.

Aus dem gemeinen Erkentnisse die Begriffe heraussuchen, welche gar keine besondere Erfahrung zum Grunde liegen haben, und gleichwohl in aller Erfahrungserkentniß vorkommen, von der sie gleichsam die bloße Form der Verknüpfung ausmachen, setzte kein grösseres Nachdenken, oder mehr Einsicht voraus, als aus einer Sprache Regeln des wirklichen Gebrauchs der Wörter überhaupt heraussuchen, und so Elemente zu einer Grammatik zusammentragen (in der That sind beyde Untersuchungen einander auch sehr nahe verwandt, ohne doch eben Grund angeben zu können, warum eine jede Sprache gerade diese und keine andere formale Beschaffenheit habe, noch weniger aber, daß gerade so viel, nicht mehr noch weniger, solcher formalen Bestimmungen derselben überhaupt angetroffen werden können.

Aristoteles hatte zehn solcher reinen Elementarbegriffe unter dem Namen der Categorien *) zusammengetragen. Diesen, welche auch Prädicamente genennt wurden, sahe er sich hernach genöthigt, noch fünf Postprädicamente beyzufügen **), die doch zum Theil schon in jenen liegen

(als

*) 1. Substantia. 2. Qualitas. 3. Quantitas. 4. Relatio. 5. Actio. 6. Passio. 7. Quando. 8. Ubi. 9 Situs. 10. Habitus.
**) Oppositum, Prius, Simul, Motus, Habere.

(als prius, simul, motus); allein diese Rhapsodie konte mehr vor einen Wink vor den künftigen Nachforscher, als vor eine regelmässig ausgeführte Idee gelten, und Beyfall verdienen, daher sie auch, bey mehrerer Aufklärung der Philosophie, als ganz unnütz verworfen worden.

Bei einer Untersuchung der reinen (nichts Empirisches enthaltenden) Elemente der menschlichen Erkentniß gelang es mir allererst nach langem Nachdenken, die reinen Elementarbegriffe der Sinnlichkeit (Raum und Zeit) von denen des Verstandes mit Zuverläßigkeit zu unterscheiden und abzusondern. Daburch wurden nun aus jenem Register die 7te, 8te, 9te Categorien ausgeschlossen. Die übrigen konten mir zu nichts nutzen, weil kein Princip vorhanden war, nach welchem der Verstand völlig ausgemessen und alle Functionen desselben, daraus seine reine Begriffe entspringen, vollzählig und mit Präcision bestimmt werden könten.

Um aber ein solches Princip auszufinden, sahe ich mich nach einer Verstandeshandlung um, die alle übrige enthält, und sich nur durch verschiedene Modificationen oder Momente unterscheidet, das Mannigfaltige der Vorstellung unter die Einheit des Denkens überhaupt zu bringen, und da fand ich, diese Verstandeshandlung bestehe im Urtheilen. Hier lag nun schon fertige, obgleich noch nicht ganz von Mängeln freye Arbeit der Logiker vor mir, dadurch ich in den Stand gesetzt wurde, eine vollständige Tafel reiner Verstandesfunctionen, die aber in Ansehung

als

alles Objects unbestimmt waren, darzustellen. Ich bezog
endlich diese Funktionen zu urtheilen auf Objecte überhaupt,
oder vielmehr auf die Bedingung, Urtheile als objectiv
gültig zu bestimmen, und es entsprangen reine Verstan=
desbegriffe, bey denen ich ausser Zweifel seyn konte, daß
gerade nur diese, und ihrer nur so viel, nicht mehr noch
weniger, unser ganzes Erkentniß der Dinge aus blossem
Verstande ausmachen können. Ich nannte sie, wie billig,
nach ihrem alten Namen **Categorien**; wobey ich mir vor=
behielt, alle von diesen abzuleitende Begriffe, es sey durch
Verknüpfung unter einander, oder mit der reinen Form
der Erscheinung (Raum und Zeit) oder mit ihrer Materie,
so fern sie noch nicht empirisch bestimmt ist, (Gegenstand
der Empfindung überhaupt) unter der Benennung der
**Prädicabilien**, vollständig hinzuzufügen, so bald ein
System der transscendentalen Philosophie, zu deren Behuf
ich es jetzt nur mit der Critik der Vernunft selbst zu thun
hatte, zu Stande kommen sollte.

Das Wesentliche aber in diesem System der Catego=
rien, dadurch es sich von jener alten Rhapsodie, die ohne
alles Princip fortging, unterscheidet, und warum es auch
allein zur Philosophie gezählt zu werden verdient, besteht
darin: daß vermittelst derselben die wahre Bedeutung der
reinen Verstandesbegriffe und die Bedingung ihres Ge=
brauchs genau bestimmt werden konte. Denn da zeigte
sich, daß sie vor sich selbst nichts als logische Functionen
sind, als solche aber nicht den mindesten Begriff von einem

Ob=

Objecte an sich selbst ausmachen, sondern es bedürfen, daß
sinnliche Anschauung zum Grunde liege, und alsdenn nur
dazu dienen, empirische Urtheile, die sonst in Ansehung
aller Functionen zu urtheilen unbestimmt und gleichgültig
sind, in Ansehung derselben zu bestimmen, ihnen dadurch
Allgemeingültigkeit zu verschaffen, und vermittelst ihrer
Erfahrungsurtheile überhaupt möglich zu machen.

Von einer solchen Einsicht in die Natur der Categorien, die sie zugleich auf den blossen Erfahrungsgebrauch
einschränkte, ließ sich weder ihr erster Urheber, noch irgend einer nach ihm etwas einfallen; aber ohne diese Einsicht (die ganz genau von der Ableitung oder Deduction
derselben abhängt) sind sie gänzlich unnütz und ein elendes
Namenregister, ohne Erklärung und Regel ihres Gebrauchs.
Wäre dergleichen jemals den Alten in den Sinn gekommen,
ohne Zweifel das ganze Studium der reinen Vernunfter-
kentniß, welches unter dem Namen Metaphysik viele Jahrhunderte hindurch so manchen guten Kopf verdorben hat,
wäre in ganz anderer Gestalt zu uns gekommen, und hätte den Verstand der Menschen aufgeklärt, anstatt ihn, wie
wirklich geschehen ist, in düstern und vergeblichen Grü-
beleyen zu erschöpfen, und vor wahre Wissenschaft uns
brauchbar zu machen.

Dieses System der Categorien macht nun alle Behandlung eines jeden Gegenstandes der reinen Vernunft
selbst wiederum systematisch, und giebt eine ungezweifelte
Anweisung oder Leitfaden ab, wie und durch welche Punc-

te der Unterſuchung jede metaphyſiſche Betrachtung, wenn
ſie vollſtändig werden ſoll, müſſe geführt werden: denn es
erſchöpft alle Momente des Verſtandes, unter welche jeder
andere Begrif gebracht werden muß. So iſt auch die Tafel der Grundſätze entſtanden, von deren Vollſtändigkeit
man nur durch das Syſtem der Categorien gewiß ſeyn kan,
und ſelbſt in der Eintheilung der Begriffe, welche über
den phyſiologiſchen Verſtandesgebrauch hinausgehen ſollen,
(Critik S. 344. imgleichen S. 415.) iſt es immer derſelbe
Leitfaden, der, weil er immer durch dieſelbe feſte, im
menſchlichen Verſtande a priori beſtimmte Puncte geführt
werden muß, jederzeit einen geſchloſſenen Kreis bildet, der
keinen Zweifel übrig läßt, daß der Gegenſtand eines reinen
Verſtandes oder Vernunftbegrifs, ſo fern er philoſophiſch
und nach Grundſätzen a priori erwogen werden ſoll, auf
ſolche Weiſe vollſtändig erkant werden könne. Ich habe
ſogar nicht unterlaſſen können, von dieſer Leitung in Anſehung einer der abſtracteſten ontologiſchen Eintheilungen,
nämlich der mannigfaltigen Unterſcheidung der Begriffe
von Etwas und Nichts Gebrauch zu machen, und darnach eine regelmäſſige und nothwendige Tafel (Critik S.
292) zu Stande zu bringen *).

Eben

*) Ueber eine vorgelegte Tafel der Categorien laſſen ſich allerley
artige Anmerkungen machen, als: 1) daß die dritte aus der erſten und zweyten in einen Begrif verbunden entſpringe, 2) daß
in denen von der Gröſſe und Qualität blos ein Fortſchritt von
der Einheit zur Allheit, oder von dem Etwas zum Nichts (zu
dieſem Behuf müſſen die Categorien der Qualität ſo ſtehen: Realität

Eben dieſes Syſtem zeigt ſeinen nicht genug anzupreiſenden Gebrauch, ſo wie jedes auf ein allgemeines Princip gegründetes wahres Syſtem, auch darin, daß es alle fremdartige Begriffe, die ſich ſonſt zwiſchen jene reine Verſtandesbegriffe einſchleichen möchten, ausſtößt, und jedem Erkentniß ſeine Stelle beſtimmt. Diejenige Begriffe, welche ich unter dem Namen der **Reflexionsbegriffe** gleichfalls nach dem Leidfaden der Categorien in eine Tafel gebracht hatte, mengen ſich in der Ontologie, ohne Vergünſtigung und rechtmäſſige Anſprüche, unter die reinen Verſtandesbegriffe, obgleich dieſe Begriffe der Verknüpfung, und dadurch des Objects ſelbſt, jene aber nur der bloſſen Vergleichung ſchon gegebener Begriffe ſind, und daher eine ganz andere Natur und Gebrauch haben; durch meine geſetzmäſſige Eintheilung (Critik S. 260.) werden ſie aus

dieſ

alität, Einſchränkung, völlige Negation) fortgehen, ohne correlata oder oppoſita, dagegen die der Relation und Modalität dieſe letztere bey ſich führen, 3) daß, ſo wie im Logiſchen categoriſche Urtheile allen andern zum Grunde liegen, ſo die Categorie der Subſtanz allen Begriffen von wirklichen Dingen, 4) daß, ſo wie die Modalität im Urtheile kein beſonderes Prädicat iſt, ſo auch die Modelbegriffe keine Beſtimmung zu Dingen hinzuthun, u. ſ. w. dergleichen Betrachtungen alle ihren groſſen Nutzen haben. Zählt man überdem alle Präsicabilien auf, die man ziemlich vollſtändig aus jeder guten Ontologie (z. E. Baumgartens) ziehen kan und ordnet ſie claſſenweiſe unter die Categorien, wobey man nicht verſäumen muß, eine ſo vollſtändige Zergliederung aller dieſer Begriffe, als möglich, hinzuzufügen, ſo wird ein blos analytiſcher Theil der Metaphyſik entſpringen, der noch gar keinen ſynthetiſchen Satz enthält und vor dem zweyten (dem ſynthetiſchen) vorgehen könte, und durch ſeine Beſtimmtheit und Vollſtändigkeit nicht allein Nutzen, ſondern, vermöge des Syſtematiſchen in ihm, noch überdem eine gewiſſe Schönheit enthalten würde.

diesem Gemenge geschieden. Noch viel heller aber leuchtet der Nutzen jener abgesonderten Tafel der Categorien in die Augen, wenn wir, wie es gleich jetzt geschehen wird, die Tafel transscendentaler Vernunftbegriffe, die von ganz anderer Natur und Ursprung sind, als jene Verstandesbegriffe, (daher auch eine andre Form haben muß,) von jenen trennen, welche so nothwendige Absonderung doch niemals in irgend einem System der Metaphysik geschehen ist, jene Vernunftideen mit Verstandesbegriffen, als gehöreten sie, wie Geschwister, zu einer Familie, ohne Unterschied durch einander laufen, welche Vermengung, in Ermangelung eines besondern Systems der Categorien, auch niemals vermieden werden konte.

## Der transcendentalen Hauptfrage
### Dritter Theil.
# Wie ist Metaphysik überhaupt möglich?
### §. 40.

Reine Mathematik und reine Naturwissenschaft, hätten zum Behuf ihrer eigenen Sicherheit und Gewißheit keiner dergleichen Deduction bedurft, als wir bißher von beyden zu Stande gebracht haben; denn die erstere stützt sich auf ihre eigene Evidenz; die zweyte aber, obgleich aus reinen Quellen des Verstandes entsprungen, dennoch auf Erfahrung und deren durchgängige Bestättigung, welcher letztern Zeugniß sie darum nicht gänzlich ausschlagen und entbehren kan, weil sie mit aller ihrer Gewißheit den-

dennoch, als Philosophie, es der Mathematik niemals gleich thun kan. Beyde Wissenschaften hatten also die gedachte Untersuchung nicht vor sich, sondern vor eine andere Wissenschaft, nämlich Methaphysik, nöthig.

Methaphysik hat es, ausser mit Naturbegriffen, die in der Erfahrung jederzeit ihre Anwendung finden, noch mit reinen Vernunftbegriffen zu thun, die niemals in irgend einer nur immer möglichen Erfahrung gegeben werden, mithin mit Begriffen, deren objective Realität (daß sie nicht blosse Hirngespinste sind) und mit Behauptungen, deren Wahrheit oder Falschheit durch keine Erfahrung bestättigt, oder aufgedeckt werden kan, und dieser Theil der Metaphysik ist überdem gerade derjenige, welcher den wesentlichen Zweck derselben, wozu alles andre nur Mittel ist, ausmacht, und so bedarf diese Wissenschaft einer solchen Deduction um ihrer selbst willen. Die uns jetzt vorgelegte dritte Frage betrift also gleichsam den Kern und das Eigenthümliche der Metaphysik, nämlich die Beschäftigung der Vernunft blos mit sich selbst, und, indem sie über ihre eigene Begriffe brütet, die unmittelbar daraus vermeintlich entspringende Bekantschaft mit Objecten, ohne dazu der Vermittelung der Erfahrung nöthig zu haben, noch überhaupt durch dieselbe dazu gelangen zu können.*)

Ohne

---

*) Wenn man sagen kan, daß eine Wissenschaft wenigstens in der Idee aller Menschen wirklich sey, so bald es ausgemacht ist, daß die Aufgaben, die darauf führen, durch die Natur der menschlichen Vernunft jedermann vorgelegt, und daher auch jederzeit

Ohne Auflösung dieser Frage thut sich Vernunft niemals selbst gnug. Der Erfahrungsgebrauch, auf welchen die Vernunft den reinen Verstand einschränkt, erfüllt nicht ihre eigene ganze Bestimmung. Jede einzelne Erfahrung ist nur ein Theil von der ganzen Sphäre ihres Gebietes, das absolute Ganze aller möglichen Erfahrung ist aber selbst keine Erfahrung, und dennoch ein nothwendiges Problem vor die Vernunft, zu dessen bloßer Vorstellung sie ganz anderer Begriffe nöthig hat, als jener reinen Verstandesbegriffe, deren Gebrauch nur immanent ist, d. i. auf Erfahrung geht, so weit sie gegeben werden kan, indessen daß Vernunftbegriffe auf die Vollständigkeit, d. i. die collective Einheit der ganzen möglichen Erfahrung und dadurch über jede gegebne Erfahrung hinausgehen, und transscendent werden.

So wie also der Verstand der Categorien zur Erfahrung bedurfte, so enthält die Vernunft in sich den Grund zu Ideen, worunter ich nothwendige Begriffe verstehe, deren Gegenstand gleichwol in keiner Erfahrung gegeben werden kan. Die letztern sind eben sowol in der Natur der Vernunft, als die erstere in der Natur des Verstandes gelegen, und, wenn jene einen Schein bey sich führen, der leicht verleiten kan, so ist dieser Schein unvermeidlich, obzwar „daß er nicht verführe,,gar wohl verhütet werden kan.

Da

darüber viele, obgleich fehlerhafte, Versuche unvermeidlich sind, so wird man auch sagen müssen: Metaphysik sey subiective (und zwar nothwendiger Weise) wirklich, und da fragen wir also mit Recht, wie sie (objective) möglich sey.

Da aller Schein darin besteht, daß der subjective Grund des Urtheils vor objectiv gehalten wird, so wird ein Selbsterkenntniß der reinen Vernunft, in ihrem transscendenten (überschwenglichen) Gebrauch das einzige Verwahrungsmittel gegen die Verirrungen seyn, in welche die Vernunft geräth, wenn sie ihre Bestimmung misdeutet, und dasjenige transscendenter Weise aufs Object an sich selbst bezieht, was nur ihr eigenes Subject und die Leitung desselben in allem immanenten Gebrauche angeht.

§. 41.

Die Unterscheidung der Ideen, d. i. der reinen Vernunftbegriffe, von den Categorien, oder reinen Verstandesbegriffen, als Erkentnissen von ganz verschiedener Art, Ursprung und Gebrauch, ist ein so wichtiges Stück zur Grundlegung einer Wissenschaft, welche das System aller dieser Erkentnisse a priori enthalten soll, daß, ohne eine solche Absonderung Metaphysik schlechterdings unmöglich oder höchstens ein regelloser stümperhafter Versuch ist, ohne Kentniß der Materialien, womit man sich beschäftigt, und ihrer Tauglichkeit zu dieser oder jener Absicht ein Kartengebäude zusammenzusticken. Wenn Critik d. r. V. auch nur das allein geleistet hätte, diesen Unterschied zuerst vor Augen zu legen, so hätte sie dadurch schon mehr zur Aufklärung unseres Begrifs und der Leitung der Nachforschung im Felde der Metaphysik beygetragen, als alle fruchtlose Bemühungen den transscendenten Aufgaben der r. V. ein Gnü-

Gnüge zu thun, die man von je her unternommen hat,
ohne iemals zu wähnen, daß man sich in einem ganz andern
Felde befände, als dem des Verstandes, und daher Ver=
standes=und Vernunftbegriffe, gleich als ob sie von einer=
ley Art wären, in einem Striche hernannte.

### §. 42.

Alle reine Verstandeserkentnisse haben das an sich,
daß sich ihre Begriffe in der Erfahrung geben, und ihre
Grundsätze durch Erfahrung bestättigen lassen; dagegen die
transscendenten Vernunfterkentnisse sich, weder was ihre
Ideen betrift, in der Erfahrung geben, noch ihre Sätze
jemals durch Erfahrung bestättigen, noch widerlegen las=
sen; daher der dabey vielleicht einschleichende Irrthum
durch nichts anders, als reine Vernunft selbst, aufgedeckt
werden kan, welches aber sehr schwer ist, weil eben diese
Vernunft vermittelst ihrer Ideen natürlicher Weise dialec=
tisch wird, und dieser unvermeidliche Schein durch keine
objective und dogmatische Untersuchungen der Sachen, son=
dern blos durch subjective, der Vernunft selbst als einem
Quell der Ideen, in Schranken gehalten werden kan.

### §. 43.

Es ist iederzeit in der Critif mein größtes Augenmerk
gewesen, wie ich nicht allein die Erkentnißarten sorgfältig
unterscheiden, sondern auch allein zu ieder derselben gehörige
Begriffe aus ihrem gemeinschaftlichen Quell ableiten könte,

das

damit ich nicht allein dadurch, daß ich unterrichtet wäre, woher sie abstammen, ihren Gebrauch mit Sicherheit bestimmen könte, sondern auch den noch nie vermutheten, aber unschätzbaren Vortheil hätte, die Vollständigkeit in der Aufzehlung, Classificirung und Specificirung der Begriffe a priori, mithin nach Principien zu erkennen. Ohne dieses ist in der Metaphysik alles lauter Rhapsodie, wo man niemals weiß, ob dessen, was man besitzt, gnug ist, oder ob, und wo, noch etwas fehlen möge. Freylich kan man diesen Vortheil auch nur in der reinen Philosophie haben, von dieser aber macht derselbe auch das Wesen aus.

Da ich den Ursprung der Categorien in den vier logischen Functionen aller Urtheile des Verstandes gefunden hatte, so war es ganz natürlich, den Ursprung der Ideen in den drey Functionen der Vernunftschlüsse zu suchen; denn wenn einmal solche reine Vernunftbegriffe (transsc. Ideen) gegeben sind, so könnten sie, wenn man sie nicht etwa vor angebohren halten will, wohl nirgends anders, als in derselben Vernunfthandlung angetroffen werden, welche, so fern sie blos die Form betrift, das Logische der Vernunftschlüsse, so fern sie aber die Verstandesurtheile in Ansehung einer oder der andern Form a priori als bestimmt vorstellt, transscendentale Begriffe der reinen Vernunft ausmacht.

Der formale Unterschied der Vernunftschlüsse macht die Eintheilung derselben in categorische, hypothetische und disjunctive, nothwendig. Die darauf gegründete Vernunft-

nunftbegriffe enthalten also erſtlich die Idee des vollſtändigen Subjects (Subſtantiale), zweytens die Idee der vollſtändigen Reihe der Bedingungen, drittens die Beſtimmung aller Begriffe in der Idee eines vollſtändigen Inbe-
griffs des Möglichen *). Die erſte Idee war phyſiológiſch,
die zweyte cosmologiſch, die dritte theologiſch, und, da
alle drey zu einer Dialectik Anlaß geben, doch iede auf ihre eigene Art, ſo gründete ſich darauf die Eintheilung der
ganzen Dialectik der reinen Vernunft: in den Paralogiß-
mus, die Antinomie, und endlich das Ideal derſelben,
durch welche Ableitung man völlig ſicher geſtellt wird, daß
alle Anſprüche der reinen Vernunft hier ganz vollſtändig
vorgeſtellt ſind, und kein einziger fehlen kan, weil das
Vernunftvermögen ſelbſt, als woraus ſie allen ihren Urſprung nehmen, dadurch gänzlich ausgemeſſen wird.

### §. 44.

Es iſt bey dieſer Betrachtung im Allgemeinen noch
merkwürdig: daß die Vernunftidee nicht etwa ſo wie die

Cas

---

*) Im disjunctiven Urtheile betrachten wir alle Möglichkeit, re-
ſpectiv auf einen gewiſſen Begrif, als eingetheilt. Das ontologi-
ſche Princip der durchgängigen Beſtimmung eines Dinges überhaupt (von allen möglichen entgegengeſetzten Prädicaten kommt
jedem Dinge eines zu) welches zugleich das Princip aller disjunctiven Urtheile iſt, legt den Inbegrif aller Möglichkeit zum Grunde, in welchem die Möglichkeit jedes Dinges überhaupt als be-
ſtimmter angeſehen wird. Dieſes dient zu einer kleinen Erläuterung des obigen Satzes: daß die Vernunfthandlung in disjunctiven Vernunftſchlüſſen der Form nach mit derjenigen einerley
ſey, wodurch ſie die Idee eines Inbegrifs aller Realität zu Stande bringt, welche das Poſitive aller einander entgegengeſetzten Prädicate in ſich enthält.

Categorien, uns zum Gebrauche des Verstandes in Ansehung der Erfahrung irgend etwas nußen, sondern in Ansehung desselben völlig entbehrlich, ja wohl gar den Maximen des Vernunfterkentnisses der Natur entgegen und hinderlich, gleichwohl aber doch in anderer noch zu bestimmender Absicht nothwendig seyn. Ob die Seele eine einfache Substanz sey, oder nicht, das kan uns zur Erklärung der Erscheinungen derselben ganz gleichgültig seyn; denn wir können den Begrif eines einfachen Wesens durch keine mögliche Erfahrung sinnlich, mithin in concreto verständlich machen, und so ist er, in Ansehung aller verhofften Einsicht in die Ursache der Erscheinungen, ganz leer, und kan zu keinem Princip der Erklärung dessen, was innere oder äussere Erfahrung an die Hand giebt, dienen. Eben so wenig können uns die cosmologischen Ideen vom Weltanfange, oder der Weltewigkeit (a parte ante) dazu nußen, um irgend eine Begebenheit in der Welt selbst daraus zu erklären. Endlich müssen wir, nach einer richtigen Maxime der Naturphilosophie, uns aller Erklärung der Natureinrichtung, die aus dem Willen eines höchsten Wesens gezogen worden, enthalten, weil dieses nicht mehr Naturphilosophie ist, sondern ein Geständniß, daß es damit bey uns zu Ende gehe. Es haben also diese Ideen eine ganz andere Bestimmung ihres Gebrauchs, als jene Categorien, durch die, und die darauf gebauten Grundsäße, Erfahrung selbst allererst möglich ward. Indessen würde doch unsre mühsame Analytik des Verstandes, wenn unsre Absicht auf nichts anders

J 2                                                       als

als bloſſe Naturerkentniß, ſo wie ſie in der Erfahrung gegeben werden kan, gerichtet wäre, auch ganz überflüſſig
ſeyn; denn Vernunft verrichtet ihr Geſchäfte ſo wohl in
der Mathematik als Naturwiſſenſchaft, auch ohne alle dieſe
ſubtile Deduction ganz ſicher und gut: alſo vereinigt ſich
unſre Critik des Verſtandes mit den Ideen der reinen Vernunft zu einer Abſicht, welche über den Erfahrungsgebrauch
des Verſtandes hinausgeſetzt iſt, von welcher wir doch oben
geſagt haben, daß er in dieſem Betracht gänzlich unmöglich, und ohne Gegenſtand oder Bedeutung ſey. Es muß
aber dennoch zwiſchen dem, was zur Natur der Vernunft
und des Verſtandes gehört, Einſtimmung ſeyn, und jene
muß zur Vollkommenheit der letztern beytragen, und kan
ſie unmöglich verwirren.

Die Auflöſung dieſer Frage iſt folgende: Die reine
Vernunft hat unter ihren Ideen nicht beſondere Gegenſtände, die über das Feld der Erfahrung hinauslägen, zur
Abſicht, ſondern fodert nur Vollſtändigkeit des Verſtan-
desgebrauchs im Zuſammenhange der Erfahrung. Dieſe
Vollſtändigkeit aber kan nur eine Vollſtändigkeit der Principien, aber nicht der Anſchauungen und Gegenſtände ſeyn.
Gleichwol, um ſich jene beſtimmt vorzuſtellen, denkt ſie ſich
ſolche, als die Erkentniß eines Objects, deſſen Erkentniß
in Anſehung jener Regeln vollſtändig beſtimmt iſt, welches
Object aber nur eine Idee iſt, um die Verſtandeserkent-
niß der Vollſtändigkeit, die jene Idee bezeichnet, ſo nahe
wie möglich zu bringen.

§. 45.

§. 45.
## Vorläufige Bemerkung
## zur Dialectik der reinen Vernunft.

Wir haben oben Paragraph 33, 34, gezeigt: daß die Reinigkeit der Categorien von aller Beymischung sinnlicher Bestimmungen die Vernunft verleiten könne, ihren Gebrauch gänzlich, über alle Erfahrung hinaus, auf Dinge an sich selbst auszudehnen, wiewohl, da sie selbst keine Anschauung finden, welche ihnen Bedeutung und Sinn in concreto verschaffen könte, sie als blos logische Functionen, zwar ein Ding überhaupt vorstellen, aber vor sich allein keinen bestimmten Begrif von irgend einem Dinge geben können. Dergleichen hyperbolische Objecte sind nun die, so man Noumena oder reine Verstandeswesen (besser Gedankenwesen) nennt, als z. B. Substanz, welche aber ohne Beharrlichkeit in der Zeit gedacht wird, oder eine Ursache, die aber nicht in der Zeit wirkte, u. s. w. da man ihnen denn Prädicate beylegt, die blos dazu dienen, die Gesetzmäßigkeit der Erfahrung möglich zu machen, und gleichwohl alle Bedingungen der Anschauung, unter denen allein Erfahrung möglich ist, von ihnen wegnimmt, wodurch jene Begriffe wiederum alle Bedeutung verlieren.

Es hat aber keine Gefahr, daß der Verstand von selbst, ohne durch fremde Gesetze gedrungen zu seyn, über seine Grenzen so ganz muthwillig in das Feld von blossen

Ge-

Gedankenwesen ausschweifen werde. Wenn aber die Vernunft, die mit keinem Erfahrungsgebrauche der Verstandesregeln, als der immer noch bedingt ist, völlig befriedigt seyn kan, Vollendung dieser Kette von Bedingungen fodert, so wird der Verstand aus seinem Kreise getrieben, um theils Gegenstände der Erfahrung in einer so weit erstreckten Reihe vorzustellen, dergleichen gar keine Erfahrung fassen kan, theils so gar (um sie zu vollenden) gänzlich ausserhalb derselben Noumena zu suchen, an welche sie jene Kette knüpfen und dadurch von Erfahrungsbedingungen endlich einmal unabhängig, ihre Haltung gleichwol vollständig machen könne. Das sind nun die transscendentalen Ideen, welche, sie mögen nun nach dem wahren, aber verborgenen Zwecke der Naturbestimmung unserer Vernunft, nicht auf überschwengliche Begriffe, sondern blos auf unbegrenzte Erweiterung des Erfahrungsgebrauchs angelegt seyn, dennoch durch einen unvermeidlichen Schein dem Verstande einen transscendenten Gebrauch ablocken, der, obzwar betrüglich, dennoch durch keinen Vorsatz innerhalb den Grenzen der Erfahrung zu bleiben, sondern nur durch wissenschaftliche Belehrung und mit Mühe in Schranken gebracht werden kan.

## §. 46.

1. **Psychologische Ideen. Critik (S. 341. u. f.)**

Man hat schon längst angemerkt, daß uns an allen Substanzen das eigentliche Subject, nämlich das, was

übrig

übrig bleibt, nachdem alle Accidenzen (als Prädicate) abgesondert worden, mithin das **Substantiale** selbst, unbekant sey, und über diese Schranken unsrer Einsicht vielfältig Klagen geführt. Es ist aber hiebey wohl zu merken, daß der menschliche Verstand darüber nicht in Anspruch zu nehmen sey: daß er das Substantiale der Dinge nicht kennt, d. i. vor sich allein bestimmen kan, sondern vielmehr darüber, daß er es, als eine bloße Idee, gleich einem gegebenen Gegenstande bestimmt, zu erkennen verlangt. Die reine Vernunft fodert, daß wir zu jedem Prädicate eines Dinges sein ihm zugehöriges Subject, zu diesem aber, welches nothwendiger Weise wiederum nur Prädicat ist, fernerhin sein Subject und so forthin ins Unendliche (oder so weit wir reichen) suchen sollen. Aber hieraus folgt, daß wir nichts, wozu wir gelangen können, vor ein letztes Subject halten sollen, und daß das Substantial selbst niemals von unserm noch so tief eindringenden Verstande, selbst wenn ihm die ganze Natur aufgedeckt wäre, gedacht werden könne; weil die specifische Natur unseres Verstandes darin besteht, alles discursiv d. i. durch Begriffe, mithin auch durch lauter Prädicate zu denken, wozu also das absolute Subject jederzeit fehlen muß. Daher sind alle reale Eigenschaften, dadurch wir Körper erkennen, lauter Accidenzen, so gar die Undurchdringlichkeit, die man sich immer nur als die Wirkung einer Kraft vorstellen muß, dazu uns das Subject fehlt.

Nun

Nun scheint es, als ob wir in dem Bewußtseyn unserer selbst (dem denkenden Subject) dieses Substantiale
haben, und zwar in einer unmittelbaren Anschauung; denn
alle Prädicate des innern Sinnes beziehen sich auf das Ich,
als Subject, und dieses kan nicht weiter als Prädicat irgend eines andern Subjects gedacht werden. Also scheint
hier die Vollständigkeit in der Beziehung der gegebenen
Begriffe als Prädicate auf ein Subject, nicht blos Idee,
sondern der Gegenstand, nämlich das absolute Subject
selbst, in der Erfahrung gegeben zu seyn. Allein diese
Erwartung wird vereitelt. Denn das Ich ist gar kein Begrif *), sondern nur Bezeichnung des Gegenstandes des innern Sinnes, so fern wir es durch kein Prädicat weiter
erkennen, mithin kan es zwar an sich kein Prädicat von
einem andern Dinge seyn, aber eben so wenig auch ein bestimmter Begrif eines absoluten Subjects, sondern nur,
wie in allen andern Fällen, die Beziehung der innern Erscheinungen auf das unbekannte Subject derselben. Gleichwol veranlaßt diese Idee (die gar wohl dazu dient, als re-
gulatives Princip alle materialistische Erklärungen der innern Erscheinungen unserer Seele gänzlich zu vernichten) *)
durch einen ganz natürlichen Mißverstand ein sehr scheinba-
res

*) Wäre die Vorstellung der Apperception, das Ich, ein Begrif
wodurch irgend etwas gedacht würde, so würde es auch als Prädicat von andern Dingen gebraucht werden können, oder solche
Prädicate in sich enthalten. Nun ist es nichts mehr als Gefühl
eines Daseyns ohne den mindesten Begrif und nur Vorstellung
desjenigen, worauf alles Denken in Beziehung (relatione acci-
dentis) steht.

res Argument, um, aus diesem vermeinten Erkentniß von dem Substantiale unseres denkenden Wesens, seine Natur, so fern die Kentniß derselben ganz ausser den Inbegrif der Erfahrung hinaus fällt, zu schliessen.

§. 47.

Dieses denkende Selbst (die Seele) mag nun aber auch als das letzte Subject des Denkens, was selbst nicht weiter, als Prädicat eines andern Dinges vorgestellt werden kan, Substanz heissen: so bleibt dieser Begrif doch gänzlich leer, und ohne alle Folgen, wenn nicht von ihm die Beharrlichkeit, als das, was den Begrif der Substanzen in der Erfahrung fruchtbar macht, bewiesen werden kan.

Die Beharrlichkeit kan aber niemals aus dem Begriffe einer Substanz, als eines Dinges an sich, sondern nur zum Behuf der Erfahrung bewiesen werden. Dieses ist bey der ersten Analogie der Erfahrung hinreichend dargethan worden, (Critik S. 182.) und, will man sich diesem Beweise nicht ergeben, so darf man nur den Versuch selbst anstellen, ob es gelingen werde, aus dem Begriffe eines Subjects, was selbst nicht als Prädicat eines andern Dinges existirt, zu beweisen, daß sein Dasenn durchaus beharrlich sey, und daß es, weder an sich selbst, noch durch irgend eine Naturursache entstehen, oder vergehen könne. Dergleichen synthetische Säze a priori können niemals an sich selbst, sondern jederzeit nur in Beziehung auf Dinge,

J 5

als

als Gegenstände einer möglichen Erfahrung, bewiesen werden.

### §. 48.

Wenn wir also aus dem Begriffe der Seele als Substanz auf Beharrlichkeit derselben schliessen wollen: so kan dieses von ihr doch nur zum Behuf möglicher Erfahrung, und nicht von ihr, als einem Dinge an sich selbst und über alle mögliche Erfahrung hinaus gelten. Nun ist die subjective Bedingung aller unserer möglichen Erfahrung das Leben: folglich kan nur auf die Beharrlichkeit der Seele im Leben geschlossen werden, denn der Tod des Menschen ist das Ende aller Erfahrung, was die Seele als einen Gegenstand derselben betrift, wofern nicht das Gegentheil dargethan wird, als wovon eben die Frage ist. Also kan die Beharrlichkeit der Seele nur im Leben des Menschen (deren Beweis man uns wohl schenken wird) aber nicht nach dem Tode (als woran uns eigentlich gelegen ist) dargethan werden, und zwar aus dem allgemeinen Grunde, weil der Begrif der Substanz, so fern er mit dem Begrif der Beharrlichkeit als nothwendig verbunden angesehen werden soll, dieses nur nach einem Grundsatze möglicher Erfahrung und also auch nur zum Behuf derselben seyn kan.*)

### §. 49.

*) Es ist in der That sehr merkwürdig, daß die Metaphysiker jederzeit so sorglos über den Grundsatz der Beharrlichkeit der Substanzen weggeschlüpft sind, ohne jemals einen Beweis davon zu versuchen; ohne Zweifel, weil sie sich, so bald sie es mit dem Begriffe Substanz anfingen, von allen Beweisthümern gänzlich verlassen sahen. Der gemeine Verstand, der gar wohl inne ward, daß ohne diese Voraussetzung keine Vereinignng der Wahr-

### §. 49.

Daß unſeren äuſſeren Wahrnehmungen etwas wirk-
liches auſſer uns, nicht blos correſpondire, ſondern auch
correſpondiren müſſe, kan gleichfalls niemals als Verknüpfung der Dinge an ſich ſelbſt, wohl aber zum Behuf
der Erfahrung bewieſen werden. Dieſes will ſo viel ſagen: daß etwas auf empiriſche Art, mithin als Erſcheinung
im Raume auſſer uns ſey, kan man gar wohl beweiſen;
denn mit andern Gegenſtänden, als denen, die zu einer
möglichen Erfahrung gehören, haben wir es nicht zu thun,
eben darum, weil ſie uns in keiner Erfahrung gegeben
werden können, und alſo vor uns nichts ſeyn. Empiriſch
auſſer mir iſt das, was im Raume angeſchaut wird, und

da

Wahrnehmungen in einer Erfahrung möglich ſey, erſetzte dieſen
Mangel durch ein Poſtulat: denn aus der Erfahrung ſelbſt konte er dieſen Grundſatz nimmermehr ziehen, theils weil ſie die
Materien, (Subſtanzen) bey allen ihren Veränderungen und
Auflöſungen, nicht ſo weit verfolgen kan, um den Stoff immer
unvermindert anzutreffen, theils weil der Grundſatz Nothwendigkeit enthält, die jederzeit das Zeichen eines Princips a priori
iſt. Nun wandten ſie dieſen Grundſatz getroſt auf den Begrif
der Seele als einer Subſtanz an, und ſchloſſen auf eine nothwendige Fortdauer derſelben nach dem Tode des Menſchen (vor-
nämlich da die Einfachheit dieſer Subſtanz, welche aus der Un-
theilbarkeit des Bewuſtſeyns gefolgert ward, ſie wegen des Unterganges durch Auflöſung ſicherte). Hätten ſie die ächte Quelle
dieſes Grundſatzes gefunden, welches aber weit tiefere Unterſu-
chungen erforderte, als ſie jemals anzufangen Luſt hatten, ſo
würden ſie geſehen haben: daß jenes Geſetz der Beharrlichkeit
der Subſtanzen nur zum Behuf der Erfahrung ſtattfinde, und
daher nur auf Dinge, ſo fern ſie in der Erfahrung erkant und
mit andern verbunden werden ſollen, niemals aber von ihnen
auch unangeſehen aller möglichen Erfahrung, mithin auch nicht
von der Seele nach dem Tode gelten könne.

da dieſer ſamt allen Erſcheinungen, die er enthält, zu den
Vorſtellungen gehört, deren Verknüpfung nach Erfah-
rungsgeſetzen eben ſowol ihre objective Wahrheit beweiſet,
als die Verknüpfung der Erſcheinungen des innern Sinnes
die Wirklichkeit, meiner Seele (als eines Gegenſtandes des
innern Sinnes), ſo bin ich mir vermittelſt der äuſſern Erfahrung eben ſowol der Wirklichkeit der Körper, als äuſſerer Erſcheinungen im Raume, wie vermittelſt der innern
Erfahrung des Daſeyns meiner Seele in der Zeit, bewuſt,
die ich auch nur, als einen Gegenſtand des innern Sinnes,
durch Erſcheinungen, die einen innern Zuſtand ausmachen,
erkennen, und wovon mir das Weſen an ſich ſelbſt, das
dieſen Erſcheinungen zum Grunde liegt, unbekant iſt.
Der Carteſianiſche Idealiſm unterſcheidet alſo nur äuſſere
Erfahrung vom Traume, und die Geſetzmäſſigkeit als ein
Criterium der Wahrheit der erſtern, von der Regelloſig-
keit und dem falſchen Schein der letztern. Er ſetzt in beyden Raum und Zeit als Bedingungen des Daſeyns der
Gegenſtände voraus, und frägt nur, ob die Gegenſtände
äuſſerer Sinne wirklich im Raum anzutreffen ſeyn, die wir
darin im Wachen ſetzen, ſo wie der Gegenſtand des innern
Sinnes, die Seele, wirklich in der Zeit iſt, d. i. ob Erfahrung ſichere Criterien der Unterſcheidung von Einbildung bey ſich führe. Hier läßt ſich der Zweifel nun leicht
heben, und wir heben ihn auch jederzeit im gemeinen Leben dadurch, daß wir die Verknüpfung der Erſcheinungen
in beyden nach allgemeinen Geſetzen der Erfahrung unter-

ſu

suchen, und können, wenn die Vorstellung äusserer Dinge
damit durchgehends übereinstimmt, nicht zweifeln, daß sie
nicht wahrhafte Erfahrung ausmachen sollten. Der ma-
teriale Idealism, da Erscheinungen als Erscheinungen nur
nach ihrer Verknüpfung in der Erfahrung betrachtet werden, läßt also sich sehr leicht heben, und es ist eine eben
so sichere Erfahrung, daß Körper ausser uns (im Raume)
existiren, als daß Ich selbst, nach der Vorstellung des innern Sinnes (in der Zeit) da bin: Denn der Begrif:
ausser uns, bedeutet nur die Existenz im Raume. Da
aber das Ich, in dem Satze: Ich bin, nicht blos den
Gegenstand der innern Anschauung (in der Zeit) sondern
das Subject des Bewußtseyns, so wie Körper nicht blos
die äussere Anschauung (im Raume) sondern auch das
Ding an sich selbst bedeutet, was dieser Erscheinung zum
Grunde liegt: so kan die Frage: ob die Körper (als Erscheinungen des äussern Sinnes) ausser meinen Gedanken als Körper existiren, ohne alles Bedenken in der Natur verneinet werden; aber darin verhält es sich gar nicht
anders mit der Frage, ob ich selbst als Erscheinung des
innern Sinnes (Seele nach der empirischen Psychologie)
ausser meiner Vorstellungskraft in der Zeit existire, denn
diese muß eben so wohl verneinet werden. Auf solche Weise ist alles, wenn es auf seine wahre Bedeutung gebracht
wird, entschieden, und gewiß. Der formale Idealism
(sonst von mir transscendentale genannt) hebt wirklich den
materiellen oder Cartesianischen auf. Denn wenn der
Raum

Raum nichts als eine Form meiner Sinnlichkeit ist, so ist er als Vorstellung in mir eben so wirklich, als ich selbst, und es kommt nur noch auf die empirische Wahrheit der Erscheinungen in demselben an. Ist das aber nicht, sondern der Raum und Erscheinungen in ihm sind etwas ausser uns existirendes, so können alle Criterien der Erfahrung auffer unserer Wahrnehmung niemals die Wirklichkeit dieser Gegenstände auffer uns beweisen.

§. 50.

## II. Cosmologische Ideen. (Crit. S. 405. u. f.)

Dieses Product der reinen Vernunft in ihrem transscendenten Gebrauch ist das merkwürdigste Phänomen derselben, welches auch unter allen am kräftigsten wirkt, die Philosophie aus ihrem dogmatischen Schlummer zu erwecken, und sie zu dem schweren Geschäfte der Critik der Vernunft selbst zu bewegen.

Ich nenne diese Idee deswegen cosmologisch, weil sie ihr Object jederzeit nur in der Sinnenwelt nimmt, auch keine andere als die, deren Gegenstand ein Object der Sinne ist, braucht, mithin so fern einheimisch und nicht transscendent, folglich bis dahin noch keine Idee ist; dahingegen, die Seele sich als eine einfache Substanz denken, schon so viel heißt, als sich einen Gegenstand denken (das Einfache) dergleichen den Sinnen gar nicht vorgestellt werden können. Demungeachtet erweitert doch die cosmologische Idee die Verknüpfung des Bedingten mit seiner Bedingung (diese

mag

mag mathematisch oder dynamisch seyn) so sehr, daß Erfahrung ihr niemals gleichkommen kan, und ist also in Ansehung dieses Punkts immer eine Idee, deren Gegenstand niemals adäquat in irgend einer Erfahrung gegeben werden kan.

### §. 51.

Zuerst zeigt sich hier der Nutzen eines Systems der Categorien so deutlich und unverkennbar, daß, wenn es auch nicht mehrere Beweisthümer desselben gäbe, dieser allein ihre Unentbehrlichkeit im System der reinen Vernunft hinreichend darthun würde. Es sind solcher transscendenten Ideen nicht mehr als vier, so viel als Classen der Categorien; in jeder derselben aber gehen sie nur auf die absolute Vollständigkeit der Reihe der Bedingungen zu einem gegebenen Bedingten. Diesen cosmologischen Ideen gemäß giebt es auch nur viererley dialectische Behauptungen der reinen Vernunft, die, da sie dialectisch sind, das durch selbst beweisen, daß einer jeden, nach eben so scheinbaren Grundsätzen der reinen Vernunft, ein ihm widersprechender entgegensteht, welchen Widerstreit keine metaphysische Kunst der subtilsten Distinction verhüten kan, sondern die den Philosophen nöthigt, zu den ersten Quellen der reinen Vernunft selbst zurück zu gehen. Diese nicht etwa beliebig erdachte, sondern in der Natur der menschlichen Vernunft gegründete, mithin unvermeidliche und niemals ein Ende nehmende Antinomie, enthält nun folgende vier Sätze samt ihren Gegensätzen.

1. Satz

## 1.
### Satz

Die Welt hat der Zeit und dem Raum nach
einen Anfang (Grenze)

### Gegensatz

Die Welt ist der Zeit und dem Raum nach
unendlich

## 2.
### Satz

Alles in der Welt besteht
aus dem
Einfachen

### Gegensatz

Es ist nichts Einfaches, sondern
alles ist
zusammengesetzt

## 3.
### Satz

Es giebt in der Welt Ursachen durch
Freyheit

### Gegensatz

Es ist keine Freyheit, sondern
alles ist
Natur.

## 4.
### Satz

In der Reihe der Welturfachen ist irgend ein
nothwendig Wesen

### Gegensatz

Es ist in ihr nichts nothwendig, sondern in dieser Reihe
ist alles zufällig.

## §. 52.

Hier ist nun das seltsamste Phänomen der menschlichen Vernunft, wovon sonst kein Beispiel in irgend einem
andern Gebrauch derselben gezeigt werden kann. Wenn
wir, wie es gewöhnlich geschieht, uns die Erscheinungen
der Sinnenwelt als Dinge an sich selbst denken, wenn wir
die Grundsätze ihrer Verbindung als allgemein von Dingen

an

an ſich ſelbſt und nicht bloß von der Erfahrung geltende Grundſätze annehmen, wie denn dieſes eben ſo gewöhnlich; ja ohne unſere Critik unvermeidlich iſt: ſo thut ſich ein nicht vermutheter Widerſtreit hervor, der niemals auf dem gewöhnlichen dogmatiſchen Wege beygelegt werden kan, weil ſowol Satz als Gegenſatz durch gleich einleuchtende klare und unwiderſtehliche Beweiſe dargethan werden können, — denn vor die Richtigkeit aller dieſer Beweiſe verbürge ich mich, — und die Vernunft ſich alſo mit ſich ſelbſt entzweyet ſieht, ein Zuſtand, über den der Sceptiker frohlockt, der critiſche Philoſoph aber in Nachdenken und Unruhe verſetzt werden muß.

### §. 52. b.

Man kan in der Metaphyſik auf mancherley Weiſe herumpfuſchen, ohne eben zu beſorgen, daß man auf Unwahrheit werde betreten werden. Denn, wenn man ſich nur nicht ſelbſt widerſpricht, welches in ſynthetiſchen, ob gleich gänzlich erdichteten Sätzen gar wohl möglich iſt: ſo können wir in allen ſolchen Fällen, wo die Begriffe, die wir verknüpfen, bloſſe Ideen ſind, die gar nicht (ihrem ganzen Inhalte nach) in der Erfahrung gegeben werden können, niemals durch Erfahrung widerlegt werden. Denn wie wollten wir es durch Erfahrung ausmachen: ob die Welt von Ewigkeit her ſey, oder einen Anfang habe, ob Materie ins Unendliche theilbar ſey, oder aus einfachen Theilen beſtehe, dergleichen Begriffe laſſen ſich in keiner,

K                                    auch

auch der größtmöglichen Erfahrung geben, mithin die Unrichtigkeit des behauptenden oder verneinenden Sazes durch diesen Probierstein nicht entdecken.

Der einzige mögliche Fall, da die Vernunft ihre geheime Dialectik, die sie fälschlich vor Dogmatik aus giebt, wider ihren Willen offenbarete, wäre der, wenn sie auf einen allgemeinen zugestandenen Grundsatz eine Behauptung gründete, und aus einem andern eben so beglaubigten, mit der größten Richtigkeit der Schlußart, gerade das Gegentheil folgerte. Dieser Fall ist hier nun wirklich, und zwar in Ansehung vier natürlicher Vernunftideen, woraus vier Behauptungen einerseits, und eben so viel Gegenbehauptungen anderer Seits, jede mit richtiger Consequenz aus allgemein zugestandnen Grundsätzen, entspringen, und dadurch den dialectischen Schein der reinen Vernunft im Gebrauch dieser Grundsätze offenbaren, der sonst auf ewig verborgen seyn müßte.

Hier ist also ein entscheidender Versuch, der uns nothwendig eine Unrichtigkeit entdecken muß, die in den Voraussetzungen der Vernunft verborgen liegt *). Von

zwey

*) Ich wünsche daher, daß der critische Leser sich mit dieser Antinomie hauptsächlich beschäftige, weil die Natur selbst sie aufgestellt zu haben scheint, um die Vernunft in ihren dreisten Anmaßungen stuzig zu machen, und zur Selbstprüfung zu nöthigen. Jeden Beweis, den ich für die Thesis so wol als Antithesis gegeben habe, mache ich mich anheischig zu verantworten, und dadurch die Gewißheit der unvermeidlichen Antinomie der Vernunft darzuthun. Wenn der Leser nun durch diese seltsame Erscheinung dahin gebracht wird, zu der Prüfung der dabey zum Grunde liegenden

Vor-

zwey einander widersprechenden Sätzen können nicht alle beide falsch seyn, ausser, wenn der Begriff selbst widersprechend ist, der beiden zum Grunde liegt; z. B. die zwey Sätze: ein viereckigter Zirkel ist rund, und ein viereckigter Zirkel ist nicht rund, sind beide falsch. Denn, was den ersten betrift, so ist es falsch, daß der genannte Cirkel rund sey, weil er viereckigt ist; es ist aber auch falsch, daß er nicht rund, d. i. eckigt sey, weil er ein Cirkel ist. Denn darin besteht eben das logische Merkmal der Unmöglichkeit eines Begrifs, daß unter desselben Voraussetzung zwey widersprechende Sätze zugleich falsch seyn würden, mithin, weil kein drittes zwischen ihnen gedacht werden kan, durch jenen Begrif gar nichts gedacht wird.

### §. 52. c.

Nun liegt den zwey ersteren Antinomien, die ich mathematische nenne, weil sie sich mit der Hinzusetzung oder Theilung des Gleichartigen beschäftigen, ein solcher widersprechender Begrif zum Grunde; und daraus erkläre ich, wie es zugehet, daß Thesis so wohl als Antithesis bey beiden falsch sind.

Wenn ich von Gegenständen in Zeit und Raum rede, so rede ich nicht von Dingen an sich selbst, darum, weil ich von diesen nichts weiß, sondern nur von Dingen in

K 2                                               ist der

Voraussetzung zurückzugehen, so wird er sich gezwungen fühlen, die erste Grundlage aller Erkentniß der reinen Vernunft mit mir tiefer zu untersuchen.

der Erscheinung,) d. i. von der Erfahrung, als einer besondern Erkenntnißart der Objecte, die dem Menschen allein vergönnet ist. Was ich nun im Raume oder in der
Zeit denke, von dem muß ich nicht sagen: daß es an sich
selbst, auch ohne diesen meinen Gedanken, im Raume und
der Zeit sey; denn da würde ich mir selbst widersprechen;
weil Raum und Zeit, sammt den Erscheinungen in ihnen,
nichts an sich selbst und außer meinen Vorstellungen existirendes, sondern selbst nur Vorstellungsarten sind, und
es offenbar widersprechend ist, zu sagen, daß eine bloße
Vorstellungsart auch außer unserer Vorstellung existire.
Die Gegenstände also der Sinne existiren nur in der Erfahrung; dagegen auch ohne dieselbe, oder vor ihr, ihnen eine eigene vor sich bestehende Existenz zu geben, heißt
so viel, als sich vorstellen, Erfahrung sey auch ohne Erfahrung, oder vor derselben wirklich.

Wenn ich nun nach der Weltgröße, dem Raume und
der Zeit nach frage, so ist es vor alle meine Begriffe eben
so unmöglich zu sagen, sie sey unendlich, als sie sey endlich.
Denn keines von beiden kan in der Erfahrung enthalten
seyn, weil weder von einem unendlichen Raume, oder
unendlicher verflossener Zeit, noch der Begrenzung der
Welt durch einen leeren Raum, oder eine vorhergehende
leere Zeit, Erfahrung möglich ist; das sind nur Ideen.
Also müßte diese, auf die eine oder die andere Art bestimmte
Größe der Welt in ihr selbst liegen, abgesondert von aller Erfahrung. Dieses widerspricht aber dem Begriffe einer
au in Sinnen-

Sinnenwelt, die nur ein Inbegrif der Erscheinung ist, deren Daseyn und Verknüpfung nur in der Vorstellung, nämlich der Erfahrung, stattfindet, weil sie nicht Sache an sich, sondern selbst nichts als Vorstellungsart ist. Hieraus folgt, daß, da der Begrif einer vor sich existirenden Sinnenwelt in sich selbst widersprechend ist, die Auflösung des Problems wegen ihrer Grösse, auch jederzeit falsch seyn werde, man mag sie nun bejahend oder verneinend versuchen.

Eben dieses gilt von der zweyten Antinomie, die die Theilung der Erscheinungen betrift. Denn diese sind blosse Vorstellungen, und die Theile existiren blos in der Vorstellung derselben, mithin in der Theilung, d. i. in einer möglichen Erfahrung, darin sie gegeben werden, und jene geht daher nur soweit, als diese reicht. Anzunehmen, daß eine Erscheinung, z. B. die des Körpers, alle Theile vor aller Erfahrung an sich selbst enthalte, zu denen nur immer mögliche Erfahrung gelangen kan, heißt: einer bloßen Erscheinung, die nur in der Erfahrung existiren kan, doch zugleich eine eigene vor Erfahrung vorhergehende Existenz geben, oder zu sagen, daß blosse Vorstellungen da sind, ehe sie in der Vorstellungskraft angetroffen werden, welches sich widerspricht, und mithin auch jede Auflösung der misverstandenen Aufgabe, man mag darinne behaupten, die Körper bestehen an sich aus unendlich viel Theilen oder einer endlichen Zahl einfacher Theile.

K 3 §. 53.

### §. 53.

Ju der erſten Claſſe der Antinomie (der mathema-
tiſchen) beſtand die Falſchheit der Vorausſetzung darin:
daß, was ſich widerſpricht (nämlich Erſcheinung als Sache an ſich ſelbſt) als vereinbar in einem Begriffe vorgeſtellt würde. Was aber die zweyte, nämlich dynamiſche
Claſſe der Antinomie betrift, ſo beſteht die Falſchheit der
Vorausſetzung darin: daß, was vereinbar iſt, als wi-
derſprechend vorgeſtellt wird, folglich, da im erſteren
Falle alle beide einander entgegengeſetzte Behauptungen
falſch waren, hier wiederum ſolche, die durch bloßen
Misverſtand einander entgegengeſetzt werden, alle beide
wahr ſeyn können.

Die mathematiſche Verknüpfung nämlich ſetzt nothwendig Gleichartigkeit des Verknüpften (im Begriffe der
Gröſſe) voraus, die dynamiſche erfordert dieſes keinesweges. Wenn es auf die Gröſſe des Ausgedehnten ankommt,
ſo müſſen alle Theile unter ſich, und mit dem Ganzen
gleichartig ſeyn; dagegen in der Verknüpfung der Urſache und Wirkung kan zwar auch Gleichgültigkeit angetroffen werden, aber ſie iſt nicht nothwendig; denn der Begrif der Cauſſalität (vermittelſt deſſen durch Etwas etwas
ganz davon verſchiedenes geſetzt wird) erfordert ſie wenig-
ſtens nicht.

Würden die Gegenſtände der Sinnenwelt vor Dinge an ſich ſelbſt genommen, und die oben angeführte Naturgeſetze vor Geſetze der Dinge an ſich ſelbſt, ſo wäre

der

der Widerspruch unvermeidlich. Eben so, wenn das
Subject der Freyheit gleich den übrigen Gegenständen
als bloße Erscheinung vorgestellt würde, so könte eben
so wohl der Widerspruch nicht vermieden werden, denn
es würde eben dasselbe von einerley Gegenstande in derselben Bedeutung zugleich bejahet und verneinet werden.
Ist aber Naturnothwendigkeit blos auf Erscheinungen bezogen, und Freyheit blos auf Dinge an sich selbst, so
entspringt kein Widerspruch, wenn man gleich beide Arten
von Caussalität annimt, oder zugiebt, so schwer oder unmöglich es auch seyn möchte, die von der letzteren Art
begreiflich zu machen.

In der Erscheinung ist jede Wirkung eine Begebenheit, oder etwas, das in der Zeit geschieht; vor ihr
muß, nach dem allgemeinen Naturgesetze, eine Bestimmung der Caussalität ihrer Ursache (ein Zustand derselben)
vorhergehen, worauf sie nach einem beständigen Gesetze
folgt. Aber diese Bestimmung der Ursache zur Caussalität muß auch etwas seyn, was sich eräugnet oder geschieht; die Ursache muß angefangen haben zu handeln,
denn sonst ließe sich zwischen ihr und der Wirkung keine
Zeitfolge denken. Die Wirkung wäre immer gewesen,
so wie die Caussalität der Ursache. Also muß unter Erscheinungen die Bestimmung der Ursache zum Wirken
auch entstanden, und mithin eben so wohl, als ihre Wirkung, eine Begebenheit seyn, die wiederum ihre Ursache
haben muß, u. s. w. und folglich Naturnothwendigkeit

die

die Bedingung seyn, nach welcher die wirkende Ursachen bestimmt werden. Soll dagegen Freyheit eine Eigenschaft gewisser Ursachen der Erscheinungen seyn, so muß sie, respective auf die letztere, als Begebenheiten, ein Vermögen seyn, sie von selbst (sponte) anzufangen, d. h. ohne daß die Caussalität der Ursache selbst anfangen dürfte, und daher keines andern ihren Anfang bestimmenden Grundes benöthiget wäre. Alsdenn aber müßte die Ursache, ihrer Caussalität nach, nicht unter Zeitbestimmungen ihres Zustandes stehen, d. i. gar nicht Erscheinung seyn, d. i. sie müßte als ein Ding an sich selbst, die Wirkungen aber allein als Erscheinungen angenommen werden *). Kan man einen solchen Einfluß der Verstan-

des-

*) Die Idee der Freyheit findet lediglich in dem Verhältnisse des Intellectuellen, als Ursache, zur Erscheinung, als Wirkung, statt. Daher können wir der Materie in Ansehung ihrer unaufhörlichen Handlung, dadurch sie ihren Raum erfüllt, nicht Freyheit beylegen, obschon diese Handlung aus innerem Princip geschieht. Eben so wenig können wir vor reine Verstandeswesen, z. B. Gott, so fern seine Handlung immanent ist, keinen Begriff von Freyheit angemessen finden. Denn seine Handlung, obzwar unabhängig von äußeren bestimmenden Ursachen, ist dennoch in seiner ewigen Vernunft, mithin der göttlichen Natur, bestimmt. Nur wenn durch eine Handlung etwas anfangen soll, mithin die Wirkung in der Zeitreihe, folglich der Sinnenwelt anzutreffen seyn soll, (z. B. Anfang der Welt) da erhebt sich die Frage, ob die Caussalität der Ursache selbst auch anfangen müsse, oder, ob die Ursache eine Wirkung anheben könne, ohne daß ihre Caussalität selbst anfängt. Im ersteren Falle ist der Begriff dieser Caussalität ein Begriff der Naturnothwendigkeit, im zweyten der Freyheit. Hieraus wird der Leser ersehen, daß, da ich Freyheit als das Vermögen eine Begebenheit von selbst anzufangen erklärete, ich genau den Begriff traf, der das Problem der Metaphysik ist.

deswegen auf Erscheinungen ohne Widerspruch denken, so
wird zwar aller Verknüpfung der Ursache und Wirkung
in der Sinnenwelt Naturnothwendigkeit anhangen, das
gegen doch derjenigen Ursache, die selbst keine Erscheinung
ist (obzwar ihr zum Grunde liegt), Freyheit zugestanden,
Natur also und Freyheit eben demselben Dinge, aber in
verschiedener Beziehung, einmal als Erscheinung, das
andremal als einem Dinge an sich selbst ohne Widerspruch
beygelegt werden können.

Wir haben in uns ein Vermögen, welches nicht
blos mit seinen subjectiv bestimmenden Gründen, welche
die Naturursachen seiner Handlungen sind, in Verknüpfung steht, und so fern das Vermögen eines Wesens ist,
das selbst zu den Erscheinungen gehört, sondern auch auf
objective Gründe, die blos Ideen sind, bezogen wird, so
fern sie dieses Vermögen bestimmen können, welche Verknüpfung durch Sollen ausgedrückt wird. Dieses Vermögen heißt Vernunft, und so fern wir ein Wesen (den
Menschen) lediglich nach dieser objectiv bestimmbaren Vernunft betrachten, kan es nicht als ein Sinnenwesen betrachtet werden, sondern die gedachte Eigenschaft ist die
Eigenschaft eines Dinges an sich selbst, deren Möglichkeit, wie nämlich das Sollen, was doch noch nie geschehen ist, die Thätigkeit desselben bestimme, und Ursache von Handlungen seyn könne, deren Wirkung Erscheinung in der Sinnenwelt ist, wir gar nicht begreifen
können. Indessen würde doch die Caussalität der Ver-

K 5

nunft

nunft in Ansehung der Wirkungen in der Sinnenwelt Freyheit seyn, so fern objective Gründe, die selbst Ideen sind, in Ansehung ihrer als bestimmend angesehen werden. Denn ihre Handlung hinge alsdann nicht an subjectiven, mithin auch keinen Zeitbedingungen und also auch nicht vom Naturgesetze ab, daß diese zu bestimmen dient, weil Gründe der Vernunft allgemein, aus Princippien, ohne Einfluß der Umstände der Zeit oder des Orts, Handlungen die Regel geben.

Was ich hier anführe, gilt nur als Beyspiel zur Verständlichkeit, und gehört nicht nothwendig zu unserer Frage, welche, unabhängig von Eigenschaften, die wir in der wirklichen Welt antreffen, aus bloßen Begriffen entschieden werden muß.

Nun kan ich ohne Widerspruch sagen: alle Handlungen vernünftiger Wesen, so fern sie Erscheinungen sind, (in irgend einer Erfahrung angetroffen werden) stehen unter der Naturnothwendigkeit; eben dieselbe Handlungen aber, bloß respective auf das vernünftige Subject, und dessen Vermögen nach bloßer Vernunft zu handeln, sind frey. Denn was wird zur Naturnothwendigkeit erfodert? Nichts weiter als die Bestimmbarkeit jeder Begebenheit der Sinnenwelt, nach beständigen Gesetzen, mithin eine Beziehung auf Ursache in der Erscheinung, wobey das Ding an sich selbst, was zum Grunde liegt, und dessen Caussalität unbekant bleibt. Ich sage aber: das Naturgesetz bleibt, es mag nun das ver-

vernünftige Wesen aus Vernunft, mithin durch Freyheit,
Ursache der Wirkungen der Sinnenwelt seyn; oder es
mag diese auch nicht aus Vernunftgründen bestimmen.
Denn, ist das erste, so geschieht die Handlung nach Maximen, deren Wirkung in der Erscheinung jederzeit beständigen Gesetzen gemäß seyn wird: ist das zweyte, und
die Handlung geschieht nicht nach Principien der Vernunft, so ist sie den empirischen Gesetzen der Sinnlichkeit
unterworfen, und in beiden Fällen hängen die Wirkungen
nach beständigen Gesetzen zusammen; mehr verlangen wir
aber nicht zur Naturnothwendigkeit, ja mehr kennen wir
an ihr auch nicht.    Aber im ersten Falle ist Vernunft die
Ursache dieser Naturgesetze, und ist also frey, im zweyten Falle laufen die Wirkungen nach blossen Naturgesetzen
der Sinnlichkeit, darum, weil die Vernunft keinen Einfluß auf sie ausübt: sie, die Vernunft, wird aber darum
nicht selbst durch die Sinnlichkeit bestimmt, (welches uns
möglich ist) und ist daher auch in diesem Falle frey.    Die
Freyheit hindert also nicht das Naturgesetz der Erscheinungen, so wenig, wie dieses der Freyheit des practischen Vernunftgebrauchs, der mit Dingen an sich selbst,
als bestimmenden Gründen, in Verbindung steht, Ab-
bruch thut.

Hiedurch wird also die practische Freyheit, nämlich diejenige, in welcher die Vernunft nach objectiv-be-
stimmenden Gründen Caussalität hat, gerettet, ohne daß

der

der Naturnothwendigkeit in Ansehung eben derselben Wirkungen, als Erscheinungen, der mindeste Eintrag geschieht. Eben dieses kan auch zur Erläuterung desjenigen, was wir wegen der transscendentalen Freyheit und deren Vereinbarung mit Naturnothwendigkeit (in demselben Subjecte, aber nicht in einer und derselben Beziehung genommen) zu sagen hatten, dienlich seyn. Denn was diese betrift, so ist ein jeder Anfang der Handlung eines Wesens aus objectiven Ursachen, respective auf diese bestimmende Gründe, immer ein erster Anfang, obgleich dieselbe Handlung in der Reihe der Erscheinungen nur ein subalterner Anfang ist, vor welchem ein Zustand der Ursache vorhergehen muß, der sie bestimmt, und selbst eben so von einer nah vorhergehenden bestimmt wird: so daß man sich an vernünftigen Wesen, oder überhaupt an Wesen, so fern ihre Caussalität in ihnen als Dingen an sich selbst bestimmt wird, ohne in Widerspruch mit Naturgesetzen zu gerathen, ein Vermögen denken kan, eine Reihe von Zuständen von selbst anzufangen. Denn das Verhältniß der Handlung zu objectiven Vernunftgründen ist kein Zeitverhältniß: hier geht das, was die Caussalität bestimmt, nicht der Zeit nach vor der Handlung vorher, weil solche bestimmende Gründe nicht Beziehung der Gegenstände auf Sinne, mithin nicht auf Ursachen in der Erscheinung, sondern bestimmende Ursachen, als Dinge an sich selbst, die nicht unter Zeitbedingungen stehen, vorstellen. So kan die Handlung in

Anse-

Ansehung der Caussalität der Vernunft als ein erster Anfang, in Ansehung der Reihe der Erscheinungen, aber doch zugleich als ein blos subordinirter Anfang angesehen, und ohne Widerspruch in jenem Betracht als frey, in diesem (da sie blos Erscheinung ist) als der Naturnothwendigkeit unterworfen, angesehen werden.

Was die vierte Antinomie betrift, so wird sie auf die ähnliche Art gehoben, wie der Widerstreit der Vernunft mit sich selbst in der dritten. Denn, wenn die Ursache in der Erscheinung, nur von der Ursache der Erscheinungen, so fern sie als Ding an sich selbst gedacht werden kan, unterschieden wird, so können beide Sätze wohl neben einander bestehen, nämlich, daß von der Sinnenwelt überall keine Ursache (nach ähnlichen Gesetzen der Caussalität) stattfinde, deren Existenz schlechthin nothwendig sey, imgleichen anderer Seits, daß diese Welt dennoch mit einem nothwendigen Wesen als ihrer Ursache (aber von anderer Art und nach einem andern Gesetze) verbunden sey; welcher zween Sätze Unverträglichkeit lediglich auf dem Misverstande beruht, das, was blos von Erscheinungen gilt, auf Dinge an sich selbst auszudehnen, und überhaupt beide in einem Begriffe zu vermengen.

§. 54.

Dies ist nun die Aufstellung und Auflösung der ganzen Antinomie, darin sich die Vernunft bey der Anwenwendung ihrer Principien auf die Sinnenwelt verwickelt findet, und wovon auch jene (die bloße Aufstellung) so gar allein schon ein beträchtliches Verdienst um die Kentnis der menschlichen Vernunft seyn würde, wenn gleich die Auflösung dieses Widerstreits den Leser, der hier einen natürlichen Schein zu bekämpfen hat, welcher ihm nur neuerlich als ein solcher vorgestellet worden, nachdem er ihn bisher immer vor wahr gehalten, hiedurch noch nicht völlig befriedigt werden sollte. Denn eine Folge hievon ist doch unausbleiblich, nämlich daß, weil es ganz unmöglich ist, aus diesem Widerstreit der Vernunft mit sich selbst herauszukommen, so lange man die Gegenstände der Sinnenwelt vor Sachen an sich selbst nimmt, und nicht vor das, was sie in der That sind, nämlich bloße Erscheinungen, der Leser dadurch genöthigt werde, die Deduction aller unsrer Erkentnis a priori und die Prüfung derjenigen, die ich davon gegeben habe, nochmals vorzunehmen, um darüber zur Entscheidung zu kommen. Mehr verlange ich jetzt nicht; denn wenn er sich bey dieser Beschäftigung nur allererst tief gnug in die Natur der reinen Vernunft hinein gedacht hat, so werden die Begriffe, durch welche die Auflösung des Widerstreits der Vernunft allein möglich ist, ihm schon geläufig seyn, ohne welchen Umstand ich selbst von dem aufmerksamsten Leser völligen Beyfall nicht erwarten kan.

§. 55.

§. 55.

### III. Theologische Idee. (Critik S 571. u. f.)

Die dritte transscendentale Idee, die zu dem allers
wichtigsten, aber, wenn er bloß speculativ betrieben
wird, überschwenglichen (transscendenten) und eben das
durch dialectischen Gebrauch der Vernunft, Stoff giebt,
ist das Ideal der reinen Vernunft. Da die Vernunft
hier nicht, wie bey der psychologischen und cosmologischen
Idee, von der Erfahrung anhebt, und durch Steigerung
der Gründe, wo möglich, zur absoluten Vollständigkeit
ihrer Reihe zu trachten verleitet wird, sondern gänzlich
abbricht, und aus blossen Begriffen von dem, was die
absolute Vollständigkeit eines Dinges überhaupt ausmas
chen würde, mithin vermittelst der Idee eines höchst volls
kommnen Urwesens zur Bestimmung der Möglichkeit,
mithin auch der Wirklichkeit aller andern Dinge herabs
geht; so ist hier die bloße Voraussetzung eines Wesens,
welches, obzwar nicht in der Erfahrungsreihe, dennoch
zum Behuf der Erfahrung, um der Begreiflichkeit der
Verknüpfung, Ordnung und Einheit der letzteren willen
gedacht wird, d. i. die Idee von dem Verstandesbegriffe
leichter wie in den vorigen Fällen zu unterscheiden. Das
her konte hier der dialectische Schein, welcher daraus
entspringt, daß wir die subjective Bedingungen unseres
Denkens vor objective Bedingungen der Sachen selbst
und eine nothwendige Hypothese zur Befriedigung unserer
Vernunft vor ein Dogma halten, leicht vor Augen gestellt
wers

werden, und ich habe daher nichts weiter über die Anmaßsungen der transscendentalen Theologie zu erinnern, da das, was die Critik hierüber sagt, faßlich, einleuchtend und entscheidend ist.

## §. 56.
## Allgemeine Anmerkung
### zu
## den transscendentalen Ideen.

Die Gegenstände, welche uns durch Erfahrung gegeben werden, sind uns in vielerley Absicht unbegreiflich, und es können viele Fragen, auf die uns das Naturgesetz führt, wenn sie bis zu einer gewissen Höhe, aber immer diesen Gesetzen gemäß getrieben werden, gar nicht aufgelöset werden, z. B. woher Materien einander anziehen. Allein, wenn wir die Natur ganz und gar verlassen, oder im Fortgange ihrer Verknüpfung alle mögliche Erfahrung übersteigen, mithin uns in bloße Ideen vertiefen, alsdenn können wir nicht sagen, daß uns der Gegenstand unbegreiflich sey, und die Natur der Dinge uns unauflösliche Aufgaben vorlege; denn wir haben es alsdenn gar nicht mit der Natur oder überhaupt mit gegebenen Objecten, sondern blos mit Begriffen zu thun, die in unserer Vernunft lediglich ihren Ursprung haben, und mit bloßen Gedanken-Wesen, in Ansehung deren alle Aufgaben, die aus dem Begriffe derselben entspringen

müß

müssen, aufgelöset werden können, weil die Vernunft
von ihrem eigenen Verfahren allerdings vollständige
Rechenschaft geben kan, und muß *). Da die physiologische, cosmologische und theologische Ideen lauter reine
Vernunftbegriffe sind, die in keiner Erfahrung gegeben
werden können, so sind uns die Fragen, die uns die
Vernunft in Ansehung ihrer vorlegt, nicht durch die Gegenstände, sondern durch bloße Maximen der Vernunft
um ihrer Selbstbefriedigung willen aufgegeben, und müssen insgesamt hinreichend beantwortet werden können,
welches auch dadurch geschieht, daß man zeigt, daß sie
Grundsätze sind, unsern Verstandesgebrauch zur durchgängigen Einhelligkeit, Vollständigkeit und synthetischen
Einheit zu bringen, und so fern blos von der Erfahrung,
aber im Ganzen derselben gelten. Obgleich aber ein
absolutes Ganze der Erfahrung unmöglich ist, so ist doch
die

*) Herr Platner in seinen Aphorismen sagt daher mit Scharffsinnig-
keit §. 728. 729. „Wenn die Vernunft ein Criterium ist, so kan
„kein Begrif möglich seyn, welcher der menschlichen Vernunft
„unbegreiflich ist. — In dem Wirklichen allein findet Unbegreif-
„lichkeit statt. Hier entsteht die Unbegreiflichkeit aus der Unzu-
„länglichkeit der erworbenen Ideen.„ — Es klingt also nur pa-
radox und ist übrigens nicht befremdlich, zu sagen, in der Natur sey uns vieles unbegreiflich, (z. B. das Zeugungsvermögen)
wenn wir aber noch höher steigen und selbst über die Natur hinaus gehen, so werde uns wieder alles begreiflich; denn wir verlassen alsdenn ganz die Gegenstände, die uns gegeben werden können, und beschäftigen uns blos mit Ideen, bey denen wir das
Gesetz, welches die Vernunft durch sie dem Verstande, zu seinem
Gebrauch in der Erfahrung vorschreibt, gar wohl begreifen können, weil es ihr eigenes Product ist.

£

die Idee eines Ganzen der Erkentnis nach Principien
überhaupt dasjenige, was ihr allein eine besondere Art
der Einheit, nämlich die von einem System, verschaffen
kan, ohne die unser Erkentnis nichts als Stückwerk ist,
und zum höchsten Zwecke (der immer nur das System
aller Zwecke ist,) nicht gebraucht werden kan; ich verstehe aber hier nicht blos den practischen, sondern
auch den höchsten Zweck des speculativen Gebrauchs der
Vernunft.

Die transscendentale Ideen drücken also die eigenthümliche Bestimmung der Vernunft aus, nämlich als
eines Princips der systematischen Einheit des Verstandes-
gebrauchs. Wenn man aber diese Einheit der Erkentnißart davor ansieht, als ob sie dem Objecte der Erkentnis
anhänge, wenn man sie, die eigentlich blos regulativ
ist, vor constitutiv hält, und sich überredet, man könne
vermittelst dieser Ideen seine Kentnis weit über alle mögliche Erfahrung, mithin auf transscendente Art erweitern, da sie doch blos dazu dient, Erfahrung in ihr
selbst der Vollständigkeit so nahe wie möglich zu bringen,
d. i. ihren Fortgang durch nichts einzuschränken, was
zur Erfahrung nicht gehören kan, so ist dieses ein blosser
Misverstand in Beurtheilung der eigentlichen Bestimmung
unserer Vernunft, und ihrer Grundsätze, und eine Dia-
lectif, die theils den Erfahrungsgebrauch der Vernunft
verwirrt, theils die Vernunft mit sich selbst entzweyet.

Beschluß

# Beschluß
## von der
# Grenzbestimmung der reinen Vernunft.

### §. 57.

Nach den allerklärsten Beweisen, die wir oben gegeben haben, würde es Ungereimtheit seyn, wenn wir von irgend einem Gegenstande mehr zu erkennen hofseten, als zur möglichen Erfahrung desselben gehört, oder auch von irgend einem Dinge, wovon wir annehmen, es sey nicht ein Gegenstand möglicher Erfahrung, nur auf das mindeste Erkentnis Anspruch machten, es nach seiner Beschaffenheit, wie es an sich selbst ist, zu bestimmen; denn wodurch wollen wir diese Bestimmung verrichten, da Zeit, Raum, und alle Verstandesbegriffe, vielmehr aber noch die durch empirische Anschauug, oder Wahrnehmung in der Sinnenwelt, gezogene Begriffe keinen andern Gebrauch haben, noch haben können, als blos Erfahrung möglich zu machen, und lassen wir selbst von den reinen Verstandesbegriffen diese Bedingung weg, sie alsdenn ganz und gar kein Object bestimmen, und überall keine Bedeutung haben.

Es würde aber anderer Seits eine noch grössere Ungereimtheit seyn, wenn wir gar keine Dinge an sich selbst einräumen, oder unsere Erfahrung vor die einzig mögliche Erkentnisart der Dinge, mithin unsre Anschauung in Raum und Zeit vor die allein mögliche Ans

schaus

schauung, unsern discursiven Verstand aber vor das Ur-
bild von jedem möglichen Verstande ausgeben wollte, mithin Principien der Möglichkeit der Erfahrung vor allgemeine Bedingungen der Dinge an sich selbst wollten gehalten wissen.

Unsre Principien, welche den Gebrauch der Vernunft blos auf mögliche Erfahrung einschränken, könten
demnach selbst transscendent werden, und die Schranken unsrer Vernunft vor Schranken der Möglichkeit der
Dinge selbst ausgeben, wie davon Humes Dialogen zum
Beispiel dienen können, wenn nicht eine sorgfältige Critik
die Grenzen unserer Vernunft auch in Ansehung ihres
empirischen Gebrauchs bewachte, und ihren Anmaßungen
ihr Ziel setzte. Der Scepticism ist uranfänglich aus der
Metaphysik und ihrer policelosen Dialektik entsprungen.
Anfangs mochte er wohl blos zu Gunsten des Erfahrungsgebrauchs der Vernunft, alles, was diesen übersteigt,
vor nichtig und betrüglich ausgeben, nach und nach aber,
da man inne ward, daß es doch eben dieselbe Grundsätze
a priori sind, deren man sich bey der Erfahrung bedient,
die unvermerkt, und, wie es schien, mit eben demselben
Rechte noch weiter führeten, als Erfahrung reicht, so
fing man an, selbst in Erfahrungsgrundsätze einen Zweifel zu setzen. Hiemit hat es nun wohl keine Noth; denn
der gesunde Verstand wird hierin wohl jederzeit seine
Rechte behaupten, allein es entsprang doch eine besondere Verwirrung in der Wissenschaft, die nicht bestimmen
kan,

kan, wie weit und warum nur bis dahin und nicht weiter der Vernunft zu trauen sey, dieser Verwirrung aber kan nur durch förmliche und aus Grundsätzen gezogene Grenzbestimmung unseres Vernunftgebrauchs abgeholfen und allem Rückfall auf künftige Zeit vorgebeugt werden.

Es ist wahr: wir können über alle mögliche Erfahrung hinaus von dem, was Dinge an sich selbst seyn mögen, keinen bestimmten Begriff geben. Wir sind aber dennoch nicht frey vor der Nachfrage nach diesen, uns gänzlich derselben zu enthalten; denn Erfahrung thut der Vernunft niemals völlig Gnüge; sie weiset uns in Beantwortung der Fragen immer weiter zurück, und läßt uns in Ansehung des völligen Aufschlusses derselben unbefriedigt, wie jedermann dieses aus der Dialektik der reinen Vernunft, die eben darum ihren guten subjectiven Grund hat, hinreichend ersehen kan. Wer kan es wohl ertragen, daß wir von der Natur unserer Seele bis zum klaren Bewußtseyn des Subjects und zugleich der Ueberzeugung gelangen, daß seine Erscheinungen nicht materialistisch können erklärt werden, ohne zu fragen, was denn die Seele eigentlich sey, und, wenn kein Erfahrungsbegrif hiezu zureicht, allenfalls einen Vernunftbegrif (eines einfachen materiellen Wesens) blos zu diesem Behuf anzunehmen, ob wir gleich seine objective Realität gar nicht darthun können? Wer kan sich bey der blossen Erfahrungserkentnis in allen cosmologischen Fragen, von der Weltdauer und Grösse, der Freyheit

L 3                                 oder

oder Naturnothwendigkeit, befriedigen, da, wir mögen es anfangen, wie wir wollen, eine jede nach Erfahrungs= grundgesetzen gegebene Antwort immer eine neue Frage gebiert, die eben so wohl beantwortet seyn will, und das durch die Unzulänglichkeit aller physischen Erklärungsar= ten zur Befriedigung der Vernunft deutlich darthut? Endlich, wer sieht nicht bey der durchgängigen Zufällig= keit und Abhängigkeit alles dessen, was er nur nach Er= fahrungsprincipien denken und annehmen mag, die Un= möglichkeit, bey diesen stehen zu bleiben, und fühlt sich nicht nothgedrungen, unerachtet alles Verbots, sich nicht in transscendente Ideen zu verlieren, dennoch über alle Begriffe, die er durch Erfahrung rechtfertigen kan, noch in dem Begriffe eines Wesens Ruhe und Befriedigung zu suchen, davon die Idee zwar an sich selbst der Mög= lichkeit nach nicht eingesehen, obgleich auch nicht wider= legt werden kan, weil sie ein blosses Verstandeswesen be= trift, ohne die aber die Vernunft auf immer unbefrie= digt bleiben müßte.

Grenzen (bey ausgedehnten Wesen) setzen immer einen Raum voraus, der ausserhalb einem gewissen be= stimmten Platze angetroffen wird, und ihn einschließt; Schranken bedürfen dergleichen nicht, sondern sind blosse Verneinungen, die eine Grösse afficiren, so fern sie nicht absolute Vollständigkeit hat. Unsre Vernunft aber sieht gleichsam um sich einen Raum vor die Erkentnis der Din= ge an sich selbst, ob sie gleich von ihnen niemals bestimm=

te

te Begriffe haben kan, und nur auf Erscheinungen einge=
schränkt ist.

So lange die Erkentniß der Vernunft gleichartig
ist, lassen sich von ihr keine bestimmte Grenzen denken.
In der Mathematik und Naturwissenschaft erkent die
menschliche Vernunft zwar Schranken, aber keine Gren=
zen, d. i. zwar, daß etwas ausser ihr liege, wohin sie
niemals gelangen kan, aber nicht, daß sie selbst in ihrem
innern Fortgange irgendwo vollendet seyn werde. Die
Erweiterung der Einsichten in der Mathematik, und die
Möglichkeit immer neuer Erfindungen geht ins Unendliche;
eben so die Entdeckung neuer Natureigenschaften, neuer
Kräfte und Gesetze, durch fortgesetzte Erfahrung und Ver=
einigung derselben durch die Vernunft. Aber Schran=
ken sind hier gleichwohl nicht zu verkennen, denn Mathe=
matik geht nur auf Erscheinungen, und was nicht ein
Gegenstand der sinnlichen Anschauung seyn kan, als die
Begriffe der Metaphysik und Moral, das liegt ganz aus=
serhalb ihrer Sphäre, und dahin kan sie niemals führen;
sie bedarf aber derselben auch gar nicht. Es ist also kein
continuirlicher Fortgang und Annäherung zu diesen Wis=
senschaften, und gleichsam ein Punct oder Linie der Be=
rührung. Naturwissenschaft wird uns niemals das Inne=
re der Dinge, d. i. dasjenige, was nicht Erscheinung ist,
aber doch zum obersten Erklärungsgrunde der Erscheinun=
gen dienen kan, entdecken; aber sie braucht dieses auch
nicht zu ihren physischen Erklärungen; ja, wenn ihr auch

der=

dergleichen anderweitig angeboten würde, (z. B. Einfluß immaterieller Wesen) so soll sie es doch ausschlagen und gar nicht in den Fortgang ihrer Erklärungen bringen, sondern diese jederzeit nur auf das gründen, was als Gegenstand der Sinne zu Erfahrung gehören, und mit unsern wirklichen Wahrnehmungen nach Erfahrungsgesetzen in Zusammenhang gebracht werden kan.

Allein Metaphysik führet uns in den dialectischen Versuchen der reinen Vernunft (die nicht willkührlich, oder muthwilliger Weise angefangen werden, sondern dazu die Natur der Vernunft selbst treibt) auf Grenzen, und die transscendentale Ideen, eben dadurch, daß man ihrer nicht Umgang haben kan, daß sie sich gleichwohl niemals wollen realisiren lassen, dienen dazu, nicht allein uns wirklich die Grenzen des reinen Vernunftgebrauchs zu zeigen, sondern auch die Art, solche zu bestimmen, und das ist auch der Zweck und Nutzen dieser Naturanlage unserer Vernunft, welche Metaphysik, als ihr Lieblingskind, ausgebohren hat, dessen Erzeugung, so wie jede andere in der Welt, nicht dem ungefähren Zufalle, sondern einem ursprünglichem Keime zuzuschreiben ist, welcher zu grossen Zwecken weislich organisirt ist. Denn Metaphysik ist vielleicht mehr, wie irgend eine andere Wissenschaft, durch die Natur selbst ihren Grundzügen nach in uns gelegt, und kan gar nicht als das Product einer beliebigen Wahl, oder als zufällige Erweiterung beym Fortgange

der

der Erfahrungen (von denen sie sich gänzlich abtrennt,)
angesehen werden.

Die Vernunft, durch alle ihre Begriffe und Gesetze
des Verstandes, die ihr zum empirischen Gebrauche, mit=
hin innerhalb der Sinnenwelt, hinreichend sind, findet
doch von sich dabey keine Befriedigung; denn durch ins
Unendliche immer wiederkommende Fragen wird ihr alle
Hoffnung zur vollendeten Auflösung derselben benommen.
Die transscendentale Ideen, welche diese Vollendung zur
Absicht haben, sind solche Probleme der Vernunft. Nun
sieht sie klärlich: daß die Sinnenwelt diese Vollendung
nicht enthalten könne, mithin eben so wenig auch alle je=
ne Begriffe, die lediglich zum Verständnisse derselben die=
nen: Raum und Zeit, und alles, was wir unter dem
Namen der reinen Verstandesbegriffe angeführt haben.
Die Sinnenwelt ist nichts als eine Kette nach allgemeinen
Gesetzen verknüpfter Erscheinungen, sie hat also kein Be=
stehen vor sich, sie ist eigentlich nicht das Ding an sich
selbst, und bezieht sich also nothwendig auf das, was den
Grund dieser Erscheinung enthält, auf Wesen, die nicht
bloß als Erscheinung, sondern als Dinge an sich selbst er=
kant werden können. In der Erkentniß derselben kan
Vernunft allein hoffen, ihr Verlangen nach Vollständig=
keit im Fortgange vom Bedingten zu dessen Bedingungen
einmal befriedigt zu sehen.

Oben (§. 33. 34.) haben wir Schranken der Ver=
nunft in Ansehung aller Erkentniß bloßer Gedankenwesen

anges

angezeigt; jetzt, da uns die transscendentale Ideen denn
noch den Fortgang bis zu ihnen nothwendig machen, und
nur also gleichsam bis zur Berührung des vollen Raumes
(der Erfahrung) mit dem leeren, (wovon wir nichts wissen können, den Noumenis) geführt haben, können wir
auch die Grenzen der reinen Vernunft bestimmen; denn
in allen Grenzen ist auch etwas Positives, (z. B. Fläche
ist die Grenze des cörperlichen Raumes, indessen doch selbst
ein Raum, Linie ein Raum, der die Grenze der Fläche
ist, Punct die Grenze der Linie; aber doch noch immer
ein Ort im Raume,) dahingegen Schranken bloße Nega-
tionen enthalten. Die im angeführten §ph angezeigte
Schranken sind noch nicht genug, nachdem wir gefunden
haben, daß noch über dieselbe etwas (ob wir es gleich,
was es an sich selbst sey, niemals erkennen werden,) hin-
ausliege. Denn nun frägt sich, wie verhält sich unsere
Vernunft bey dieser Verknüpfung dessen, was wir kennen,
mit dem, was wir nicht kennen, und auch niemals kennen werden? Hier ist eine wirkliche Verknüpfung des bekanten mit einem völlig unbekanten, (was es auch jederzeit bleiben wird) und, wenn dabey das Unbekante auch
nicht im Mindesten bekanter werden sollte — wie denn
das in der That auch nicht zu hoffen ist — so muß doch
der Begrif von dieser Verknüpfung bestimmt, und zur
Deutlichkeit gebracht werden können.

Wir sollen uns denn also ein immaterielles Wesen,
eine Verstandeswelt, und ein höchstes aller Wesen (lauter

Nou-

Noumena) denken, weil die Vernunft nur in diesen, als
Dingen an sich selbst, Vollendung und Befriedigung an-
trift, die sie in der Ableitung der Erscheinungen aus ihren gleichartigen Gründen, niemals hoffen kan, und weil
diese sich wirklich auf etwas von ihnen unterschiedenes
(mithin gänzlich ungleichartiges) beziehen, indem Erscheinungen doch jederzeit eine Sache an sich selbst voraussetzen,
und also darauf Anzeige thun; man mag sie nun näher
erkennen, oder nicht.

Da wir nun aber diese Verstandeswesen, nach dem,
was sie an sich selbst seyn mögen, d. i. bestimmt, niemals
erkennen können, gleichwohl aber solche im Verhältniß
auf die Sinnenwelt dennoch annehmen, und durch die
Vernunft damit verknüpfen müssen, so werden wir doch
wenigstens diese Verknüpfung vermittelst solcher Begriffe
denken können, die ihr Verhältniß zur Sinnenwelt aus-
drucken. Denn, denken wir das Verstandeswesen durch
nichts als reine Verstandesbegriffe, so denken wir uns das
durch wirklich nichts bestimmtes, mithin ist unser Begrif
ohne Bedeutung: denken wir es uns durch Eigenschaften, die von der Sinnenwelt entlehnt sind, so ist es nicht
mehr Verstandeswesen, es wird als eines von den Phä-
nomenen gedacht und gehört zur Sinnenwelt. Wir wollen ein Beyspiel vom Begriffe des höchsten Wesens hernehmen.

Der Deistische Begrif ist ein ganz reiner Vernunftbegrif, welcher aber nur ein Ding, das alle Realität
ent-

enthält, vorstellt, ohne deren eine einzige bestimmen zu
können, weil dazu das Beyspiel aus der Sinnenwelt ent=
lehnt werden müßte, in welchem Falle ich es immer nur
mit einem Gegenstande der Sinne, nicht aber mit etwas
ganz ungleichartigem, was gar nicht ein Gegenstand der
Sinne seyn kan, zu thun haben würde. Denn ich wür=
de ihm z. B. Verstand beylegen; ich habe aber gar kei=
nen Begrif von einem Verstande, als dem, der so ist,
wie der meinige, nämlich ein solcher, dem durch Sinne
Anschauungen müssen gegeben werden, und der sich da=
mit beschäftigt, sie unter Regeln der Einheit des Bewußt=
seyns zu bringen. Aber alsdenn würden die Elemente
meines Begrifs immer in der Erscheinung liegen; ich wür=
de aber eben durch die Unzulänglichkeit der Erscheinungen
genöthigt, über dieselbe hinaus, zum Begriffe eines We=
sens zu gehen, was gar nicht von Erscheinungen abhän=
gig, oder damit, als Bedingungen seiner Bestimmung,
verflochten ist. Sondere ich aber den Verstand von der
Sinnlichkeit ab, um einen reinen Verstand zu haben;
so bleibt nichts als die blosse Form des Denkens ohne An=
schauung übrig, wodurch allein ich nichts bestimmtes,
also keinen Gegenstand erkennen kan. Ich müßte mir zu
dem Ende einen andern Verstand denken, der die Gegen=
stände anschauete, wovon ich aber nicht den mindesten
Begrif habe, weil der menschliche discursiv ist, und nur
durch allgemeine Begriffe erkennen kan. Eben das wi=
derfährt mir auch, wenn ich dem höchsten Wesen einen

Willen

Willen beylege: Denn ich habe diesen Begrif nur, indem ich ihn aus meiner innern Erfahrung ziehe, dabey aber meiner Abhängigkeit der Zufriedenheit von Gegenständen, deren Existenz wir bedürfen, und also Sinnlichkeit zum Grunde liegt, welches dem reinen Begriffe des höchsten Wesens gänzlich widerspricht.

Die Einwürfe des Hume wider den Deismus sind schwach, und treffen niemals etwas mehr als die Beweisthümer, niemals aber den Satz der deistischen Behauptung selbst. Aber in Ansehung des Theismus, der durch eine nähere Bestimmung unseres dort blos transscendenten Begrifs vom höchsten Wesen zu Stande kommen soll, sind sie sehr stark, und, nachdem man diesen Begrif einrichtet, in gewissen (in der That, allen gewöhnlichen) Fällen unwiderleglich. Hume hält sich immer daran: daß durch den blossen Begrif eines Urwesens, dem wir keine andere als ontologische Prädicate (Ewigkeit, Allgegenwart, Allmacht) beylegen, wir wirklich gar nichts bestimmtes denken, sondern es müsten Eigenschaften hinzukommen, die einen Begrif in concreto abgeben können: es sey nicht genug, zu sagen: er sey Ursache, sondern wie seine Causalität beschaffen sey, etwa durch Verstand und Willen; und da fangen seine Angriffe der Sache selbst, nämlich der Theismus an, da er vorher nur die Beweisgründe des Deismus gestürmt hatte, welches keine sonderliche Gefahr nach sich ziehet. Seine gefährlichen Argumente beziehen sich insgesamt auf den Anthropomorphismus,

von

von dem er davor hält, er sey von dem Theism unab-
trennlich, und mache ihn in sich selbst widersprechend,
ließe man ihn aber weg, so fiele dieser hiemit auch, und
es bliebe nichts als ein Deism übrig, aus dem man nichts
machen, der uns zu nichts nützen und zu gar keinen Fun-
damenten der Religion und Sitten dienen kan. Wenn
diese Unvermeidlichkeit des Anthropomorphismus gewiß
wäre, so möchten die Beweise vom Daseyn eines höchsten
Wesens seyn, welche sie wollen, und alle eingeräumt werden, der Begrif von diesem Wesen würde doch niemals
von uns bestimmt werden können, ohne uns in Wider-
sprüche zu verwickeln.

Wenn wir mit dem Verbot, alle transscendente
Urtheile der reinen Vernunft zu vermeiden, das damit,
dem Anschein nach, streitende Gebot, bis zu Begriffen,
die ausserhalb dem Felde des immanenten (empirischen
Gebrauchs) liegen, hinauszugehen, verknüpfen, so werden wir inne, daß beide zusammen bestehen können, aber
nur gerade auf der Grenze alles erlaubten Vernunftgebrauchs; denn diese gehöret eben so wohl zum Felde der
Erfahrung, als dem der Gedankenwesen, und wir werden dadurch zugleich belehrt, wie jene so merkwürdige
Ideen lediglich zur Grenzbestimmung der menschlichen
Vernunft dienen, nämlich, einerseits Erfahrungserkenntniß nicht unbegrenzt auszudehnen; so daß gar nichts mehr
als blos Welt von uns zu erkennen übrig bliebe, und an-
dererseits dennoch nicht über die Grenze der Erfahrung hin-
aus-

auszugehen, und von Dingen ausserhalb derselben, als
Dingen an sich selbst, urtheilen zu wollen.

Wir halten uns aber auf dieser Grenze, wenn wir
unser Urtheil blos auf das Verhältnis einschränken, wel=
ches die Welt zu einem Wesen haben mag, dessen Begrif
selbst ausser aller Erkentnis liegt, deren wir innerhalb der
Welt fähig seyn. Denn alsdenn eignen wir dem höch=
sten Wesen keine von den Eigenschaften an sich selbst zu,
durch die wir uns Gegenstände der Erfahrung denken,
und vermeiden dadurch den dogmatischen Anthropomor=
phismus, wir legen sie aber dennoch dem Verhältnisse
desselben zur Welt bey, und erlauben uns einen symboli=
schen Anthropomorphism, der in der That nur die Spra=
che und nicht das Object selbst angeht.

Wenn ich sage, wir sind genöthigt, die Welt so an=
zusehen, als ob sie das Werk eines höchsten Verstandes
und Willens sey, so sage ich wirklich nichts mehr, als:
wie verhält sich eine Uhr, ein Schiff, ein Regiment, zum
Künstler, Baumeister, Befehlshaber, so die Sinnenwelt
(oder alles das, was die Grundlage dieses Inbegrifs von
Erscheinungen ausmacht) zu dem Unbekanten, das ich
also hiedurch zwar nicht nach dem, was es an sich selbst
ist, aber doch nach dem, was es vor mich ist, nämlich
in Ansehung der Welt, davon ich ein Theil bin, er=
kenne.

§. 58.

§. 58.

Eine solche Erkentnis ist die nach der Analogie, welche nicht etwa, wie man das Wort gemeiniglich nimmt, eine unvollkommene Aehnlichkeit zweener Dinge, sondern eine vollkommne Aehnlichkeit zweener Verhältnisse zwischen ganz unähnlichen Dingen bedeutet \*). Vermittelst dieser Analogie bleibt doch ein vor uns hinlänglich bestimmter Begrif von dem höchsten Wesen übrig, ob wir gleich alles weggelassen haben, was ihn schlechthin und an sich selbst bestimmen könte; denn wir bestimmen ihn doch respectiv auf die Welt und mithin auf uns, und mehr ist uns auch nicht nöthig. Die Angriffe, welche Hume auf diejenigen thut, welche diesen Begrif absolut bestimmen wollen, indem sie die Materialien dazu von sich selbst und der Welt ent-

lehnen,

---

\*) So ist eine Analogie zwischen dem rechtlichen Verhältnisse menschlicher Handlungen, und dem mechanischen Verhältnisse der bewegenden Kräfte: ich kan gegen einen andern niemals etwas thun, ohne ihm ein Recht zu geben, unter den nämlichen Bedingungen eben dasselbe gegen mich zu thun; eben so wie kein Körper auf einen andern mit seiner bewegenden Kraft wirken kan, ohne dadurch zu verursachen, daß der andre ihm eben so viel entgegen wirke. Hier sind Recht und bewegende Kraft ganz unähnliche Dinge, aber in ihrem Verhältnisse ist doch völlige Aehnlichkeit. Vermittelst einer solchen Analogie kan ich daher einen Verhältnißbegrif von Dingen, die mir absolut unbekant sind, geben. Z. B. wie sich verhält die Beförderung des Glücks der Kinder $= a$. zu der Liebe der Eltern $= b$. so die Wohlfahrt des menschlichen Geschlechts $= c$. zu dem Unbekanten in Gott $= x$, welches wir Liebe nennen; nicht als wenn es die mindeste Aehnlichkeit mit irgend einer menschlichen Neigung hätte, sondern, weil wir das Verhältnis derselben zur Welt demjenigen ähnlich setzen können, was Dinge der Welt unter einander haben. Der Verhältnißbegrif aber ist hier eine blosse Categorie, nämlich der Begrif der Ursache, der nichts mit Sinnlichkeit zu thun hat.

lehnen, treffen uns nicht; auch kan er uns nicht vorwer=
fen, es bleibe uns gar nichts übrig, wenn man uns den
objectiven Anthropomorphism von dem Begriffe des höch=
sten Wesens wegnähme.

Denn wenn man uns nur anfangs (wie es auch
Hume in der Person des Philo gegen den Cleanth in sei=
nen Dialogen thut), als eine nothwendige Hypothese, den
deistischen Begrif des Urwesens einräumt, in welchem
man sich das Urwesen durch lauter ontologische Prädicate,
der Substanz, Ursache ꝛc. denkt, (welches man thun
muß, weil die Vernunft in der Sinnenwelt durch lauter
Bedingungen, die immer wiederum bedingt sind, getrie=
ben, ohne das gar keine Befriedigung haben kan und
welches man auch füglich thun kan, ohne in den An=
thropomorphism zu gerathen, der Prädicate aus der Sin=
nenwelt auf ein von der Welt ganz unterschiedenes Wesen
überträgt, indem jene Prädicate bloße Categorien sind,
die zwar keinen bestimmten, aber auch eben dadurch kei=
nen auf Bedingungen der Sinnlichkeit eingeschränkten Be=
grif desselben geben): so kan uns nichts hindern von die=
sem Wesen eine Caussalität durch Vernunft in Anse=
hung der Welt zu prädiciren, und so zum Theismus
überzuschreiten, ohne eben genöthigt zu seyn, ihm diese
Vernunft an ihm selbst, als eine ihm anklebende Eigen=
schaft, beyzulegen. Denn, was das Erste betrift, so
ist es der einzige mögliche Weg, den Gebrauch der Ver=
nunft, in Ansehung aller möglichen Erfahrung, in der

M                                    Sinnen=

Sinnenwelt durchgängig mit sich einstimmig auf den höchsten Grad zu treiben, wenn man selbst wiederum eine
höchste Vernunft als eine Ursache aller Verknüpfungen in
der Welt annimmt: ein solches Princip muß ihr durchgängig vortheilhaft seyn, kan ihr aber nirgend in ihrem
Naturgebrauche schaden; Zweytens aber wird dadurch
doch die Vernunft nicht als Eigenschaft auf das Urwesen
an sich selbst übertragen, sondern nur auf das Verhältniß desselben zur Sinnenwelt und also der Anthropomorphism gänzlich vermieden. Denn hier wird nur die Ursache der Vernunftform betrachtet, die in der Welt allenthalben angetroffen wird, und dem höchsten Wesen,
so fern es den Grund dieser Vernunftform der Welt enthält, zwar Vernunft beygelegt, aber nur nach der Analogie, d. i. so fern dieser Ausdruck nur das Verhältniß
anzeigt, was die uns unbekante oberste Ursache zur Welt
hat, um darin alles im höchsten Grade vernunftmäßig zu
bestimmen. Dadurch wird nun verhütet, daß wir uns
der Eigenschaft der Vernunft nicht bedienen, um Gott,
sondern um die Welt vermittelst derselben so zu denken,
als es nothwendig ist, um den größtmöglichen Vernunft-
gebrauch in Ansehung dieser nach einem Princip zu haben. Wir gestehen dadurch: daß uns das höchste Wesen nach demjenigen, was es an sich selbst sey, gänzlich
unerforschlich und auf bestimmte Weise so gar undenk-
bar sey, und werden dadurch abgehalten, nach unseren
Begriffen, die wir von der Vernunft als einer wirkenden

Ursa-

Urſache (vermittelſt des Willens) haben, keinen transſcen-
denten Gebrauch zu machen, um die göttliche Natur durch
Eigenſchaften, die doch immer nur von der menſchlichen
Natur entlehnt ſind, zu beſtimmen und uns in grobe oder
ſchwärmeriſche Begriffe zu verlieren, anderer Seits aber
auch nicht die Weltbetrachtung, nach unſeren auf Gott
übertragenden Begriffen von der menſchlichen Vernunft,
mit hyperphyſiſchen Erklärungsarten zu überſchwemmen
und von ihrer eigentlichen Beſtimmung abzubringen, nach
der ſie ein Studium der bloßen Natur durch die Vernunft
und nicht eine vermeſſene Ableitung ihrer Erſcheinungen
von einer höchſten Vernunft ſeyn ſoll. Der unſeren ſchwa-
chen Begriffen angemeſſene Ausdruck wird ſeyn: daß wir
uns die Welt ſo denken, als ob ſie von einer höchſten
Vernunft ihrem Daſeyn und inneren Beſtimmung nach
abſtamme, wodurch wir theils die Beſchaffenheit, die
ihr, der Welt, ſelbſt zukommt, erkennen, ohne uns doch
anzumaßen, die ihrer Urſache an ſich ſelbſt beſtimmen zu
wollen, theils anderer Seits in das Verhältniß der
oberſten Urſache zur Welt den Grund dieſer Beſchaffenheit
(der Vernunftform in der Welt) legen, ohne die Welt
dazu vor ſich ſelbſt zureichend zu finden *).

M 2

Auf

*) Ich werde ſagen: die Cauſſalität der oberſten Urſache iſt dasje-
nige in Anſehung der Welt, was menſchliche Vernunft in Anſehung ihrer Kunſtwerke iſt. Dabey bleibt mir die Natur der
oberſten Urſache ſelbſt unbekant: ich vergleiche nur ihre mir bekante Wirkung (die Weltordnung) und deren Vernunftmäßigkeit
mit den mir bekanten Wirkungen menſchlicher Vernunft, und nenne

Auf solche Weise verschwinden die Schwierigkeiten,
die dem Theismus zu widerstehen scheinen, dadurch: daß
man mit dem Grundsatze des Hume, den Gebrauch der
Vernunft nicht über das Feld aller möglichen Erfahrung
dogmatisch hinaus zu treiben, einen anderen Grundsatz
verbindet, den Hume gänzlich übersah, nämlich: das
Feld möglicher Erfahrung nicht vor dasjenige, was in den
Augen unserer Vernunft sich selbst begrenzte, anzusehen.
Critik der Vernunft bezeichnet hier den wahren Mittelweg
zwischen dem Dogmatism, den Hume bekämpfte, und dem
Scepticism, den er dagegen einführen wollte, einen Mittelweg, der nicht, wie andere Mittelwege, die man gleichsam mechanisch (etwas von einem, und etwas von dem
andern) sich selbst zu bestimmen anräth, und wodurch kein
Mensch eines besseren belehrt wird, sondern einen solchen,
den man nach Principien genau bestimmen kan.

### §. 59.

Ich habe mich zu Anfange dieser Anmerkung des
Sinnbildes einer Grenze bedient, um die Schranken
der Vernunft in Ansehung ihres ihr angemessenen Gebrauchs festzusetzen. Die Sinnenwelt enthält blos Erscheinungen, die noch nicht Dinge an sich selbst sind, welche letztere (Noumena) also der Verstand, eben darum,

weil

ne daher jene eine Vernunft, ohne darum eben dasselbe, was
ich am Menschen unter diesem Ausdruck verstehe, oder sonst etwas mir bekanntes ihr als ihre Eigenschaft beyzulegen.

weil er die Gegenstände der Erfahrung vor bloße Erscheinungen erkennt, annehmen muß. In unserer Vernunft sind beide zusammen befaßt, und es frägt sich: wie verfährt Vernunft, den Verstand in Ansehung beider Felder zu begrenzen? Erfahrung, welche alles, was zur Sinnenwelt gehört, enthält, begrenzt sich nicht selbst: sie gelangt von jedem Bedingten immer nur auf ein anderes Bedingte. Das, was sie begrenzen soll, muß gänzlich ausser ihr liegen, und dieses ist das Feld der reinen Verstandeswesen. Dieses aber ist vor uns ein leerer Raum, so fern es auf die Bestimmung der Natur dieser Verstandeswesen ankommt, und so fern können wir, wenn es auf dogmatisch-bestimmte Begriffe angesehen ist, nicht über das Feld möglicher Erfahrung hinaus kommen. Da aber eine Grenze selbst etwas Positives ist, welches so wohl zu dem gehört, was innerhalb derselben, als zum Raume der ausser einem gegebenen Inbegrif liegt, so ist es doch eine wirkliche positive Erkentnis, deren die Vernunft blos dadurch theilhaftig wird, daß sie sich bis zu dieser Grenze erweitert, so doch, daß sie nicht über diese Grenze hinaus zu gehen versucht, weil sie daselbst einen leeren Raum vor sich findet, in welchem sie zwar Formen zu Dingen, aber keine Dinge selbst denken kan. Aber die Begrenzung des Erfahrungsfeldes durch etwas, was ihr sonst unbekant ist, ist doch eine Erkentnis, die der Vernunft in diesem Standpunkte noch übrig bleibt, dadurch sie nicht innerhalb der Sinnenwelt beschlossen, auch nicht

M 3                               ausser

auſſer derſelben ſchwärmend, ſondern ſo, wie es einer Kentnis der Grenze zukomt, ſich blos auf das Verhältnis desjenigen, was auſſerhalb derſelben liegt, zu dem, was innerhalb enthalten iſt, einſchränkt.

Die natürliche Theologie iſt ein ſolcher Begrif auf der Grenze der menſchlichen Vernunft, da ſie ſich genöthigt ſieht, zu der Idee eines höchſten Weſens (und, in practiſcher Beziehung, auch auf die einer intelligibelen Welt) hinauszuſehen, nicht, um in Anſehung dieſes bloſſen Verſtandesweſens, mithin auſſerhalb der Sinnenwelt, etwas zu beſtimmen, ſondern nur um ihren eigenen Gebrauch innerhalb derſelben nach Principien der größtmöglichen (theoretiſchen ſo wohl als practiſchen) Einheit zu leiten, und zu dieſem Behuf ſich der Beziehung derſelben auf eine ſelbſtſtändige Vernunft, als der Urſache aller dieſer Verknüpfungen zu bedienen, hiedurch aber nicht etwa ſich blos ein Weſen zu erdichten, ſondern, da auſſer der Sinnenwelt nothwendig Etwas, was nur der reine Verſtand denkt, anzutreffen ſeyn muß, dieſes nur auf ſolche Weiſe, obwohl freylich blos nach der Analogie, zu beſtimmen.

Auf ſolche Weiſe bleibt unſer obiger Saß, der das Reſultat der ganzen Critik iſt: „daß uns Vernunft durch „alle ihre Principien a priori niemals etwas mehr, als „lediglich Gegenſtände möglicher Erfahrung und auch von „dieſen nichts mehr, als was in der Erfahrung erkant „werden kan, lehre„; aber dieſe Einſchränkung hindert

nicht

nicht, daß sie uns nicht bis zur objectiven Grenze der Erfahrung, nämlich der Beziehung auf etwas, was selbst nicht Gegenstand der Erfahrung, aber doch der oberste Grund aller derselben seyn muß, führe, ohne uns doch von demselben etwas an sich, sondern nur in Beziehung auf ihren eigenen vollständigen und auf die höchsten Zwecke gerichteten Gebrauch im Felde möglicher Erfahrung, zu lehren. Dieses ist aber auch aller Nutzen, den man vernünftiger Weise hiebey auch nur wünschen kan, und mit welchem man Ursache hat zufrieden zu seyn.

### §. 60.

So haben wir Metaphysik, wie sie wirklich in der Naturanlage der menschlichen Vernunft gegeben ist, und zwar in demjenigen, was den wesentlichen Zweck ihrer Bearbeitung ausmacht, nach ihrer subjectiven Möglichkeit ausführlich dargestellt. Da wir indessen doch fanden, daß dieser blos natürliche Gebrauch einer solchen Anlage unserer Vernunft, wenn keine Disciplin derselben, welche nur durch wissenschaftliche Critik möglich ist, sie zügelt und in Schranken setzt, sie in übersteigende, theils blos scheinbare, theils unter sich so gar strittige dialectische Schlüsse verwickelt, und überdem diese vernünftelnde Metaphysik zur Beförderung der Naturerkentnis entbehrlich, ja wohl gar ihr nachtheilig ist, so bleibt es noch immer eine der Nachforschung würdige Aufgabe, die Natur-zwecke, worauf diese Anlage zu transscendenten Begrif-

fen

fen in unfere Vernunft abgezielt feyn mag, auszufinden, weil alles, was in der Natur liegt, doch auf irgend eine nützliche Abficht urfprünglich angelegt feyn muß.

Eine folche Unterfuchung ift in der That mißlich: auch geftehe ich, daß es nur Muthmaßung fey, wie alles, was die erften Zwecke der Natur betrift, was ich hievon zu fagen weiß, welches mir auch in diefem Fall allein erlaubt feyn mag, da die Frage nicht die objective Gültigkeit metaphyfifcher Urtheile, fondern die Naturanlage zu denfelben angeht, und alfo auffer dem Syftem der Metaphyfik in der Anthropologie liegt.

Wenn ich alle transfcendentale Ideen, deren Inbegrif die eigentliche Aufgabe der natürlichen reinen Vernunft ausmacht, welche fie nöthigt, die bloffe Naturbetrachtung zu verlaffen, und über alle mögliche Erfahrung hinauszugehen und in diefer Beftrebung das Ding (es fey Wiffen oder Vernünfteln) was Metaphyfik heißt, zu Stande zu bringen, fo glaube ich gewahr zu werden, daß diefe Naturanlage dahin abgezielet fey, unferen Begrif von den Feffeln der Erfahrung und den Schranken der bloffen Naturbetrachtung fo weit loszumachen, daß er wenigftens ein Feld vor fich eröffnet fehe, was blos Gegenftände vor den reinen Verftand enthält, die keine Sinnlichkeit erreichen kan, zwar nicht in der Abficht, um uns mit diefen fpeculativ zu befchäftigen (weil wir keinen Boden finden, worauf wir Fuß faffen können), fondern damit praktifche Principien, die, ohne einen folchen Raum vor

ihre

ihre nothwendige Erwartung und Hoffnung vor sich zu
finden, sich nicht zu der Allgemeinheit ausbreiten könten,
deren die Vernunft in moralischer Absicht unumgänglich
bedarf.

Da finde ich nun, daß die psychologische Idee,
ich mag dadurch auch noch so wenig von der reinen und
über alle Erfahrungsbegriffe erhabenen Natur der menschlichen Seele einsehen, doch wenigstens die Unzulänglichkeit der letzteren deutlich gnug zeige, und mich dadurch
vom Materialism, als einem zu keiner Naturerklärung
tauglichen, und überdem die Vernunft in praktischer Absicht verengenden psychologischen Begriffe abführe. So
dienen die cosmologische Ideen durch die sichtbare Unzulänglichkeit aller möglichen Naturerkentnis, die Vernunft
in ihrer rechtmäßigen Nachfrage zu befriedigen, uns vom
Naturalism, der die Natur vor sich selbst gnugsam ausgeben will, abzuhalten. Endlich da alle Naturnothwendigkeit in der Sinnenwelt jederzeit bedingt ist, indem sie
immer Abhängigkeit der Dinge von andern voraussetzt,
und die unbedingte Nothwendigkeit nur in der Einheit einer
von der Sinnenwelt unterschiedenen Ursache gesucht werden muß, die Caussalität derselben aber wiederum, wenn
sie blos Natur wäre, niemals das Daseyn des Zufälligen
als seine Folge begreiflich machen könte, so macht sich die
Vernunft vermittelst der theologischen Idee vom Fata-
lism los, so wohl einer blinden Naturnothwendigkeit in

dem

dem Zusammenhange der Natur selbst, ohne erstes Princip, als auch in der Caussalität dieses Princip's selbst,
und führt auf den Begrif einer Ursache durch Freyheit,
mithin einer obersten Intelligenz. So dienen die transscendentale Ideen, wenn gleich nicht dazu, uns positiv
zu belehren, doch die freche und das Feld der Vernunft
verengende Behauptungen des Materialismus, Natu-
ralismus, und Fatalismus aufzuheben, und dadurch
den moralischen Ideen ausser dem Felde der Speculation
Raum zu verschaffen, und dieses würde, dünkt mich, jene Naturanlage einigermaßen erklären.

Der practische Nutzen, den eine blos speculative
Wissenschaft haben mag, liegt ausserhalb den Grenzen
dieser Wissenschaft, kan also blos als ein Scholion angesehen werden, und gehört, wie alle Schollen, nicht als ein
Theil zur Wissenschaft selbst. Gleichwohl liegt diese Beziehung doch wenigstens innerhalb den Grenzen der Philosophie, vornemlich derjenigen, welche aus reinen Ver-
nunftquellen schöpft, wo der speculative Gebrauch der
Vernunft in der Metaphysik mit dem practischen in der
Moral nothwendig Einheit haben muß. Daher die unvermeidliche Dialectik der reinen Vernunft, in einer Metaphysik als Naturanlage betrachtet, nicht blos als ein
Schein, der aufgelöset zu werden bedarf, sondern auch
als Naturanstalt seinem Zwecke nach, wenn man kan,
erklärt zu werden verdient, wiewohl dieses Geschäfte, als

über-

überverdienſtlich, der eigentlichen Metaphyſik mit Recht
nicht zugemuthet werden darf.

Vor ein zweytes, aber mehr mit dem Inhalte der
Metaphyſik verwandtes Scholion, müßte die Auflöſung
der Fragen gehalten werden, die in der Critik von Seite
647 bis 668 fortgehen. Denn da werden gewiſſe Vernunftprincipien vorgetragen, die die Naturordnung oder
vielmehr den Verſtand, der ihre Geſetze durch Erfahrung
ſuchen ſoll, a priori beſtimmen. Sie ſcheinen conſtitutiv
und geſetzgebend in Anſehung der Erfahrung zu ſeyn, da
ſie doch aus bloſſer Vernunft entſpringen, welche nicht ſo,
wie Verſtand, als ein Princip möglicher Erfahrung angeſehen werden darf. Ob nun dieſe Uebereinſtimmung darauf beruhe, daß, ſo wie Natur den Erſcheinungen oder
ihrem Quell, der Sinnlichkeit, nicht an ſich ſelbſt anhängt,
ſondern nur in der Beziehung der letzteren auf den Verſtand angetroffen wird, ſo dieſem Verſtande die durchgängige Einheit ſeines Gebrauchs, zum Behuf einer geſamm-
ten möglichen Erfahrung (in einem Syſtem) nur mit Beziehung auf die Vernunft zukommen könne, mithin auch
Erfahrung mittelbar unter der Geſetzgebung der Vernunft
ſtehe, mag von denen, welche der Natur der Vernunft,
auch auſſer ihrem Gebrauch in der Metaphyſik, ſo gar in
den allgemeinen Principien eine Naturgeſchichte überhaupt ſyſtematiſch zu machen, nachſpüren wollen, weiter
erwogen werden; denn dieſe Aufgabe habe ich in der

Schrift

Schrift selbst zwar als wichtig vorgestellt, aber ihre Auflösung nicht versucht *).

Und so endige ich die analytische Auflösung der von mir selbst aufgestellten Hauptfrage: Wie ist Metaphysik überhaupt möglich? indem ich von demjenigen, wo ihr Gebrauch wirklich, wenigstens in den Folgen gegeben ist, zu den Gründen ihrer Möglichkeit hinaufstieg.

## Auflösung
### der allgemeinen Frage
#### der Prolegomenen
### Wie ist Metaphysik als Wissenschaft möglich?

Metaphysik, als Naturanlage der Vernunft, ist wirklich, aber sie ist auch vor sich allein (wie die analytische Auflösung der dritten Hauptfrage bewies, dialektisch und trüglich. Aus dieser also die Grundsätze hernehmen wollen, und in dem Gebrauche derselben dem zwar natür-

*) Es ist mein immerwährender Vorsatz durch die Critik gewesen, nichts zu versäumen, was die Nachforschung der Natur der reinen Vernunft zur Vollständigkeit bringen könte, ob es gleich noch so tief verborgen liegen möchte. Es steht nachher in jedermanns Belieben, wie weit er seine Untersuchung treiben will, wenn ihm nur angezeigt worden, welche noch anzustellen seyn möchten, den dieses kann man von demjenigen billig erwarten, der es sich zum Geschäfte gemacht hat, dieses ganze Feld zu übermessen, um es hernach zum künftigen Anbau und beliebigen Austheilung andern zu überlassen. Dahin gehören auch die beiden Scholien, welche sich durch ihre Trockenheit Liebhabern wohl schwerlich empfehlen dürften, und daher nur vor Kenner hingestellt worden.

natürlichen, nichts destoweniger aber falschen Scheine folgen, kan niemals Wissenschaft, sondern nur eitele dialectische Kunst hervorbringen, darin es eine Schule der andern zuvorthun, keine aber jemals einen rechtmäßigen und dauernden Beyfall erwerben kan.

Damit sie nun als Wissenschaft nicht blos auf trügliche Ueberredung, sondern auf Einsicht und Ueberzeugung Anspruch machen könne, so muß eine Critik der Vernunft selbst den ganzen Vorrath der Begriffe a priori, die Eintheilung derselben nach den verschiedener Quellen, der Sinnlichkeit, dem Verstande und der Vernunft, ferner eine vollständige Tafel derselben, und die Zergliederung aller dieser Begriffe, mit allem, was daraus gefolgert werden kan, darauf aber vornemlich die Möglichkeit des synthetischen Erkentnisses a priori, vermittelst der Deduction dieser Begriffe, die Grundsätze ihres Gebrauchs, endlich auch die Grenzen desselben, alles aber in einem vollständigen System darlegen. Also enthält Critik, und auch sie ganz allein, den ganzen wohlgeprüften und bewährten Plan, ja so gar alle Mittel der Vollziehung in sich, wornach Metaphysik als Wissenschaft zu Stande gebracht werden kan; durch andere Wege und Mittel ist sie unmöglich. Es frägt sich also hier nicht so wohl, wie dieses Geschäfte möglich, sondern nur wie es in Gang zu bringen, und gute Köpfe von der bisherigen verkehrten und fruchtlosen zu einer untrüglichen Bearbeitung zu bewegen seyn, und wie eine solche Vereinigung auf den

gemein-

gemeinſchaftlichen Zweck am füglichſten gelenkt werden
könne.

So viel iſt gewiß: wer einmal Critik gekoſtet hat,
den ekelt auf immer alles dogmatiſche Gewäſche, womit
er vorher aus Noth vorlieb nahm, weil ſeine Vernunft
etwas bedurfte, und nichts beſſeres zu ihrer Unterhaltung finden konte. Die Critik verhält ſich zur gewöhnlichen Schulmetaphyſik gerade wie Chemie zur Alchimie,
oder wie Aſtronomie zur wahrſagenden Aſtrologie. Ich
bin davor gut, daß Niemand, der die Grundſätze der
Critik auch nur in dieſen Prolegomenen durchgedacht und
gefaßt hat, jemals wieder zu jener alten und ſophiſtiſchen
Scheinwiſſenſchaft zurückkehren werde; vielmehr wird er
mit einem gewiſſen Ergötzen auf eine Metaphyſik hinaus-
ſehen, die nunmehr allerdings in ſeiner Gewalt iſt, auch
keiner vorbereitenden Entdeckungen mehr bedarf, und die
zuerſt der Vernunft dauernde Befriedigung verſchaffen
kan. Denn das iſt ein Vorzug, auf welchen unter allen
möglichen Wiſſenſchaften Metaphyſik allein mit Zuverſicht
rechnen kan, nämlich, daß ſie zur Vollendung und in den
beharrlichen Zuſtand gebracht werden kan, da ſie ſich
weiter nicht verändern darf, auch keiner Vermehrung
durch neue Entdeckungen fähig iſt; weil die Vernunft
hier die Quellen ihrer Erkentnis nicht in den Gegenſtänden und ihrer Anſchauung, (durch die ſie nicht ferner eines
Mehreren belehrt werden kan) ſondern in ſich ſelbſt hat,
und, wenn ſie die Grundgeſetze ihres Vermögens vollſtän-

dig

dig und gegen alle Misdeutung bestimmt dargestellt hat,
nichts übrig bleibt, was reine Vernunft a priori erken=
nen, ja auch nur was sie mit Grunde fragen könte. Die
sichere Aussicht auf ein so bestimmtes und geschlossenes
Wissen hat einen besondern Reiz bey sich, wenn man
gleich allen Nutzen (von welchem ich hernach noch reden
werde) bey Seite setzt.

Alle falsche Kunst, alle eitele Weisheit dauert ihre
Zeit; denn endlich zerstört sie sich selbst, und die höchste
Cultur derselben ist zugleich der Zeitpunct ihres Unterganges.
Daß in Ansehung der Metaphysik diese Zeit jetzt
da sey, beweiset der Zustand, in welchen sie bey allem
Eifer, womit sonst Wissenschaften aller Art bearbeitet wer=
den, unter allen gelehrten Völkern verfallen ist. Die
alte Einrichtung der Universitätsstudien erhält noch ihren
Schatten, eine einzige Academie der Wissenschaften be=
wegt noch dann und wann durch ausgesetzte Preise, ein
und anderen Versuch darin zu machen, aber unter gründ=
liche Wissenschaften wird sie nicht mehr gezählet, und man
mag selbst urtheilen, wie etwa ein geistreicher Mann, den
man einen großen Metaphysiker nennen wollte, diesen
wohlgemeinten, aber kaum von jemanden beneideten Lob=
spruch aufnehmen würde.

Ob aber gleich die Zeit des Verfalls aller dogmati=
schen Metaphysik ungezweifelt da ist, so fehlt doch noch
manches dran, um sagen zu können, daß die Zeit ihrer
Wiedergeburt, vermittelst einer gründlichen und vollen=

deten

beten Critik der Vernunft dagegen schon erschienen sey.
Alle Uebergänge von einer Neigung zu der ihr entgegengesetzten gehen durch den Zustand der Gleichgültigkeit,
und dieser Zeitpunct ist der gefährlichste vor einen Verfasser, aber, wie mich dünkt, doch der günstigste vor die
Wissenschaft. Denn wenn durch gänzliche Trennung vor-
maliger Verbindungen der Parteygeist erloschen ist, so
sind die Gemüther in der besten Verfassung, nur allmälig
Vorschläge zur Verbindung nach einem anderen Plane
anzuhören.

Wenn ich sage, daß ich von diesen Prolegomenen
hoffe, sie werden die Nachforschung im Felde der Critik
vielleicht rege machen, und dem allgemeinen Geiste der
Philosophie, dem es im speculativen Theile an Nahrung
zu fehlen scheint, einen neuen und viel versprechenden
Gegenstand der Unterhaltung darreichen, so kan ich mir
schon zum voraus vorstellen: daß jedermann, der die
dornigten Wege, die ich ihn in der Critik geführt habe,
unwillig und überdrüßig gemacht haben, mich fragen werde, worauf ich wohl diese Hoffnung gründe? Ich ant-
worte, auf das unwiderstehliche Gesetz der Nothwendigkeit.

Daß der Geist des Menschen metaphysische Untersuchungen einmal gänzlich aufgeben werde, ist eben so
wenig zu erwarten, als daß wir, um nicht immer unrei-
ne Luft zu schöpfen, das Athemholen einmal lieber ganz
und gar einstellen würden. Es wird also in der Welt
jeder-

jederzeit, und was noch mehr, bey jedem, vornemlich
dem nachdenkenden Menschen Metaphysik seyn, die, in
Ermangelung eines öffentlichen Richtmaßes, jeder sich
nach seiner Art zuschneiden wird. Nun kan das, was
bis daher Metaphysik geheissen hat, keinem prüfenden
Kopfe ein Gnüge thun, ihr aber gänzlich zu entsagen, ist
doch auch unmöglich, also muß endlich eine Critik der
reinen Vernunft selbst versucht, oder, wenn eine da ist,
untersucht, und in allgemeine Prüfung gezogen werden,
weil es sonst kein Mittel giebt, dieser dringenden Be=
dürfnis, welche noch etwas mehr, als bloße Wißbegierde
ist, abzuhelfen.

Seitdem ich Critik kenne, habe ich am Ende des
Durchlesens einer Schrift metaphysischen Inhalts, die
mich durch Bestimmung ihrer Begriffe, durch Mannig=
faltigkeit und Ordnung und einen leichten Vortrag so
wohl unterhielt, als auch cultivirte, mich nicht entbrechen
können, zu fragen: hat dieser Autor wohl die Meta=
physik um einen Schritt weiter gebracht? Ich bitte
die gelehrte Männer um Vergebung, deren Schriften
mir in anderer Absicht genutzt, und immer zur Cultur
der Gemüthskräfte beygetragen haben, weil ich gestehe,
daß ich weder in ihren noch in meinen geringeren Ver=
suchen (denen doch Eigenliebe zum Vortheil spricht) habe
finden können, daß dadurch die Wissenschaft im mindesten

weiter

weiter gebracht worden, und dieses zwar aus dem ganz
natürlichen Grunde, weil die Wissenschaft noch nicht exi-
stirte, und auch nicht stückweise zusammengebracht werden kan, sondern ihr Keim in der Critik vorher völlig prä-
formirt seyn muß. Man muß aber, um alle Misdeutung
zu verhüten, sich aus dem vorigen wohl erinnern, daß
durch analytische Behandlung unserer Begriffe zwar dem
Verstande allerdings recht viel genutzt, die Wissenschaft
der (Metaphysik) aber dadurch nicht im mindesten weiter
gebracht werde, weil jene Zergliederungen der Begriffe
nur Materialien sind, daraus allererst Wissenschaft ge-
zimmert werden soll. So mag man den Begrif von Substanz und Accidens noch so schön zergliedern und bestimmen; das ist recht gut als Vorbereitung zu irgend einem
künftigen Gebrauche. Kan ich aber gar nicht beweisen,
daß in allem, was da ist, die Substanz beharre, und
nur die Accidenzen wechseln, so war durch alle jene Zergliederung die Wissenschaft nicht im mindesten weiter gebracht. Nun hat Metaphysik weder diesen Satz, noch
den Satz des zureichenden Grundes, vielweniger irgend
einen zusammengesetztern, als z. B. einen zur Seelenlehre
oder Cosmologie gehörigen, und überall gar keinen synthetischen Satz bisher a priori gültig beweisen können:
also ist durch alle jene Analysis nichts ausgerichtet, nichts
geschafft und gefördert worden, und die Wissenschaft ist
nach so viel Gewühl und Geräusch noch immer da, wo
sie

fie zu Ariftoteles Zeiten war, obzwar die Veranftaltun-
gen dazu, wenn man nur erft den Leitfaden zu fynthetis
fchen Erkentniffen gefunden hätte, ohnftreitig viel beffer,
wie fonft getroffen worden.

Glaubt jemand fich hieburch beleidigt, fo kan er dies
fe Befchuldigung leicht zu nichte machen, wenn er nur
einen einzigen fynthetifchen, zur Metaphyfit gehörigen
Satz anführen will, den er auf dogmatifche Art a priori
zu beweifen fich erbietet, denn nur dann, wenn er diefes
leiftet, werde ich ihm einräumen, daß er wirklich die
Wiffenfchaft weiter gebracht habe: follte diefer Satz auch
fonft durch die gemeine Erfahrung genug beftätigt feyn.
Keine Foderung kan gemäßigter und billiger feyn, und,
im (unausbleiblich gewiffen) Fall der Nichtleiftung, kein
Ausfpruch gerechter, als der: daß Metaphyfit als Wiffenfchaft bisher noch gar nicht exiftirt habe.

Nur zwey Dinge muß ich, im Fall, daß die Ausfoderung angenommen wird, verbitten: Erftlich, das
Spielwerk von Wahrfcheinlichkeit und Muthmaßung,
welches der Metaphyfit eben fo fchlecht anfteht, als der
Geometrie: zweytens die Entfcheidung vermittelft der
Wünfchelruthe des fo genanten gefunden Menfchenver-
ftandes, die nicht jedermann fchlägt, fondern fich nach
perfönlichen Eigenfchaften richtet.

N 2        Denn

Denn was das erstere anlangt, so kan wohl nichts Ungereimteres gefunden werden, als in einer Metaphysik, einer Philosophie aus reiner Vernunft, seine Urtheile auf Wahrscheinlichkeit und Muthmaßung gründen zu wollen. Alles, was a priori erkant werden soll, wird eben dadurch vor apodictisch gewiß ausgegeben., und muß also auch so bewiesen werden. Man könte eben so gut eine Geometrie, oder Arithmetik auf Muthmaßungen gründen wollen; denn was den calculus probabilium der letzteren betrift, so enthält er nicht wahrscheinliche, sondern ganz gewisse Urtheile über den Grad der Möglichkeit gewisser Fälle, unter gegebenen gleichartigen Bedingungen, die in der Summe aller möglichen Fälle ganz unfehlbar der Regel gemäß zutreffen müssen, ob diese gleich in Ansehung jedes einzelnen Zufalles nicht gnug bestimmt ist. Nur in der empirischen Naturwissenschaft können Muthmaßungen (vermittelst der Induction und Analogie) gelitten werden, doch so, daß wenigstens die Möglichkeit dessen, was ich annehme, völlig gewiß seyn muß.

Mit der Berufung auf den gesunden Menschenverstand, wenn von Begriffen und Grundsätzen, nicht so fern sie in Ansehung der Erfahrung gültig seyn sollen, sondern so fern sie auch ausser den Bedingungen der Erfahrung vor geltend ausgegeben werden wollen, ist es, wo möglich, noch schlechter bewandt. Denn was ist der gesunde Verstand? Es ist der gemeine Verstand, so

fern

fern er richtig urtheilt. Und was ist nun der gemeine Verstand? Er ist das Vermögen der Erkentnis und des Gebrauchs der Regeln in concreto, zum Unterschiede des speculativen Verstandes, welcher ein Vermögen der Erkentnis der Regeln in abstracto ist. So wird der gemeine Verstand die Regel: daß alles, was geschieht, vermittelst seiner Ursache bestimmt sey, kaum verstehen, niemals aber so im allgemeinen einsehen können. Er fordert daher ein Beispiel aus Erfahrung, und, wenn er hört, daß dieses nichts anders bedeute, als was er jederzeit gedacht hat, wenn ihm eine Fensterscheibe zerbrochen oder ein Hausrath verschwunden war, so versteht er den Grundsatz und räumt ihn auch ein. Gemeiner Verstand hat also weiter keinen Gebrauch, als so fern er seine Regeln (obgleich dieselben ihm wirklich a priori bewohnen) in der Erfahrung bestätigt sehen kan, mithin sie a priori, und unabhängig von der Erfahrung einzusehen, gehört vor den speculativen Verstand, und liegt ganz ausser dem Gesichtscreise des gemeinen Verstandes. Metaphysik hat es ja aber lediglich mit der letzteren Art Erkentnis zu thun, und es ist gewiß ein schlechtes Zeichen eines gesunden Verstandes, sich auf jenen Gewährsmann zu berufen, der hier gar kein Urtheil hat, und den man sonst wohl nur über die Achsel ansieht, ausser, wenn man sich im Gedränge sieht, und sich in seiner Speculation weder zu rathen, noch zu helfen weiß.

Es

Es ist eine gewöhnliche Ausflucht, deren sich diese falsche Freunde des gemeinen Menschenverstandes (die ihn gelegentlich hoch preisen, gemeiniglich aber verachten) zu bedienen pflegen, daß sie sagen: Es müssen doch endlich einige Sätze seyn, die unmittelbar gewiß seyn, und von denen man nicht allein keinen Beweis, sondern auch überall keine Rechenschaft zu geben brauche, weil man sonst mit den Gründen seiner Urtheile niemals zu Ende kommen würde; aber zum Beweise dieser Befugnis können sie (ausser dem Satze des Widerspruchs, der aber die Wahrheit synthetischer Urtheile darzuthun nicht hinreichend ist) niemals etwas anderes ungezweifeltes, was sie dem gemeinen Menschenverstande unmittelbar beymessen dürfen, anführen, als mathematische Sätze: z. B. daß zweymal zwey vier ausmachen, daß zwischen zwey Puncten nur eine gerade Linie sey, u. a. m. Das sind aber Urtheile, die von denen der Metaphysik himmelweit unterschieden seyn. Denn in der Mathematik kan ich alles das durch mein Denken selbst machen, (construiren) was ich mir durch einen Begrif als möglich vorstelle: ich thue zu einer Zwey die andere Zwey nach und nach hinzu, und mache selbst die Zahl vier, oder ziehe in Gedanken von einem Puncte zum andern allerley Linien, und kan nur eine einzige ziehen, die sich in allen ihren Theilen (gleichen so wohl als ungleichen) ähnlich ist. Aber ich kan aus dem Begriffe eines Dinges, durch meine ganze

Denk-

Denkkraft, nicht den Begrif von Etwas anderem, deſſen
Daſeyn nothwendig mit dem erſteren verknüpft iſt, her-
ausbringen, ſondern muß die Erfahrung zu rathe ziehen,
und, obgleich mir mein Verſtand a priori (doch immer
nur in Beziehung auf mögliche Erfahrung) den Begrif
von einer ſolchen Verknüpfung (der Cauſſalität) an die
Hand giebt, ſo kan ich ihn doch nicht, wie die Begriffe
der Mathematik, a priori, in der Anſchauung darſtellen,
und alſo ſeine Möglichkeit a priori darlegen, ſondern dieſer Begrif, ſamt denen Grundſätzen ſeiner Anwendung,
bedarf immer, wenn er a priori gültig ſeyn ſoll — wie
es doch in der Metaphyſik verlangt wird — eine Rechtfertigung und Deduction ſeiner Möglichkeit, weil man
ſonſt nicht weiß, wie weit er gültig ſey, und ob er nur
in der Erfahrung oder auch auſſer ihr gebraucht werden
könne. Alſo kan man ſich in der Metaphyſik, als einer
ſpeculativen Wiſſenſchaft der reinen Vernunft, niemals auf
den gemeinen Menſchenverſtand berufen, aber wohl, wenn
man genöthigt iſt, ſie zu verlaſſen, und auf alles reine
ſpeculative Erkentnis, welches jederzeit ein Wiſſen ſeyn
muß, mithin auch auf Metaphyſik ſelbſt, und deren Belehrung (bey gewiſſen Angelegenheiten) Verzicht zu thun,
und ein vernünftiger Glaube uns allein möglich, zu unſerm Bedürfnis auch hinreichend (vielleicht gar heilſamer,
als das Wiſſen ſelbſt) befunden wird. Denn alsdenn iſt
die Geſtalt der Sache ganz verändert. Metaphyſik muß

Wiſſen-

Wiſſenſchaft ſeyn, nicht allein im Ganzen, ſondern auch
allen ihren Theilen, ſonſt iſt ſie gar nichts; weil ſie, als
Speculation der reinen Vernunft, ſonſt nirgends Haltung hat, als an allgemeinen Einſichten. Auſſer ihr aber
können Wahrſcheinlichkeit und geſunder Menſchenverſtand
gar wohl ihren nützlichen und rechtmäßigen Gebrauch haben, aber nach ganz eigenen Grundſätzen, deren Gewicht
immer von der Beziehung aufs practiſche abhängt.

Das iſt es, was ich zur Möglichkeit einer Metaphyſik als Wiſſenſchaft zu fodern mich berechtigt halte.

## Anhang
### von dem, was geſchehen kan,
#### um
# Metaphyſik als Wiſſenſchaft
## wirklich zu machen.

Da alle Wege, die man bisher eingeſchlagen iſt, dieſen Zweck nicht erreicht haben, auch auſſer einer
vorhergehenden Critik der reinen Vernunft ein ſolcher
wohl niemals erreicht werden wird, ſo ſcheint die Zumuthung nicht unbillig, den Verſuch, der hievon jetzt vor
Augen gelegt iſt, einer genauen und ſorgfältigen Prüfung
zu unterwerfen, wofern man es nicht für noch rathſamer
hält, lieber alle Anſprüche auf Metaphyſik gänzlich aufzu-

juge-

zugeben, in welchem Falle, wenn man seinem Vorsatze nur treu bleibt, nichts dawider einzuwenden ist. Wenn man den Lauf der Dinge nimmt, wie er wirklich geht, nicht, wie er gehen sollte, so giebt es zweyerley Urtheile, ein Urtheil, das vor der Untersuchung vorhergeht, und dergleichen ist in unserm Falle dasjenige, wo der Leser aus seiner Metaphysik über die Critik der reinen Vernunft (die allererst die Möglichkeit derselben untersuchen soll) ein Urtheil fället, und dann ein anderes Urtheil, welches auf die Untersuchung folgt, wo der Leser die Folgerungen aus den critischen Untersuchungen, die ziemlich stark wider seine sonst angenommene Metaphysik verstoßen dürften, eine Zeitlang bey Seite zu setzen vermag, und allererst die Gründe prüft, woraus jene Folgerungen abgeleitet seyn mögen. Wäre das, was gemeine Metaphysik vorträgt, ausgemacht gewiß (etwa wie Geometrie), so würde die erste Art zu urtheilen gelten; denn wenn die Folgerungen gewisser Grundsätze ausgemachten Wahrheiten widerstreiten, so sind jene Grundsätze falsch, und ohne alle weitere Untersuchung zu verwerfen. Verhält es sich aber nicht so, daß Metaphysik von unstreitig gewissen (synthetischen) Sätzen einen Vorrath habe, und vielleicht gar so, daß ihrer eine Menge, die eben so scheinbar als die besten unter ihnen, gleichwohl in ihren Folgerungen selbst unter sich streitig seyn, überall aber ganz und gar kein sicheres Criterium der Wahrheit eigentlich-metaphy-

fischer

tifcher (fynthetifcher) Säte in ihr anzutreffen ist: so kan die vorhergehende Art zu urtheilen nicht Statt haben, sondern die Unterjuchung der Grundſätze der Critik muß vor allem Urtheile über ihren Werth oder Unwerth vorhergehen.

### Probe
## eines Urtheils über die Critik
das
## vor der Unterfuchung vorhergeht.

Dergleichen Urtheil ist in den Göttingiſchen gelehrten Anzeigen, der Zugabe dritten Stück, vom 19 Jenner 1782. Seite 40 u. f. anzutreffen.

Wenn ein Verfaſſer, der mit dem Gegenſtande feines Werks wohl bekant ist, der durchgängig eigenes Nachdenken in die Bearbeitung deſſelben zu legen befliſſen geweſen, einem Recenfenten in die Hände fällt, der feiner Seits ſcharffichtig gnug ist, die Momente auszuspähen, auf die der Werth oder Unwerth der Schrift eigentlich beruht, nicht an Worten hängt, ſondern den Sachen nachgeht, und nicht blos die Principien, von denen der Verfaſſer ausging, ſichtet und prüft, ſo mag dem letzteren zwar die Strenge des Urtheils misfallen, das Publicum ist dagegen gleichgültig, denn es gewinnt dabey; und der Verfaſſer ſelbſt kan zufrieden ſeyn, daß er Gelegenheit bekomt, ſeine von

einem

einem Kenner frühzeitig geprüfte Aufsätze zu berichtigen,
oder zu erläuteren, und auf solche Weise, wenn er im
Grunde Recht zu haben glaubt, den Stein des Anstoßes,
der seiner Schrift in der Folge nachtheilig werden könte,
bey Zeiten wegzuräumen.

Ich befinde mich mit meinem Recensenten in einer
ganz anderen Lage. Es scheint gar nicht einzusehen, worauf es bey der Untersuchung, womit ich mich (glücklich
oder unglücklich) beschäftigte, eigentlich ankam, und, es
sey nun Ungeduld ein weitläuftig Werk durchzudenken,
oder verdrießliche Laune über eine angedrohete Reform
einer Wissenschaft, bey der er schon längstens alles ins
Reine gebracht zu haben glaubte, oder, welches ich uns
gern vermuthe, ein wirklich eingeschränkter Begrif, dars
an Schuld, dadurch er sich über seine Schulmetaphysik
niemals hinauszudenken vermag; kurz, er geht mit Uns
gestüm eine lange Reihe von Sätzen durch, bey denen
man, ohne ihre Prämissen zu kennen, gar nichts denken
kann, streut hin und wieder seinen Tadel aus, von welchem der Leser eben so wenig den Grund sieht, als er die
Sätze versteht, dawider derselbe gerichtet seyn soll, und
kan also weder dem Publicum zur Nachricht nützen, noch
mir im Urtheile der Kenner das mindeste schaden; daher
ich diese Beurtheilung gänzlich übergangen seyn würde,
wenn sie mir nicht zu einigen Erläuterungen Anlaß gäbe,

die

die den Leſer dieſer Prolegomenen in einigen Fällen vor
Misdeutung bewahren könten.

Damit Recenſent aber doch einen Geſichtspunkt faſſe,
aus dem er am leichteſten auf eine dem Verfaſſer unvor-
theilhafte Art das ganze Werk vor Augen ſtellen könne,
ohne ſich mit irgend einer beſondern Unterſuchung bemü-
hen zu dürfen, ſo fängt er damit an, und endigt auch
damit, daß er ſagt: „dies Werk iſt ein Syſtem des trans-
„ſcendenten (oder, wie er es überſetzt, des höheren) *)
„Idealismus.„

Beym Anblicke dieſer Zeile ſahe ich bald, was vor
eine Recenſion da herauskommen würde, ungefähr ſo,
als wenn jemand, der niemals von Geometrie etwas gehört oder geſehen hätte, einen Euclid fände, und er-
ſucht

*) Bey Leibe nicht der höhere. Hohe Thürme, und die ihnen
ähnliche metaphyſiſch-groſſe Männer, um welche beide gemeiniglich viel Wind iſt, ſind nicht vor mich. Mein Platz iſt das
fruchtbare Bathos der Erfahrung, und das Wort, transſcenden-
tal, deſſen ſo vielfältig von mir angezeigte Bedeutung vom Re-
cenſenten nicht einmal gefaßt worden, (ſo flüchtig hat er alles
angeſehen) bedeutet nicht etwas, das über alle Erfahrung hinausgeht, ſondern was vor ihr (a priori) zwar vorhergeht, aber
doch zu nichts mehrerem beſtimmt iſt, als lediglich Erfahrungserkentnis möglich zu machen. Wenn dieſe Begriffe die Erfahrung überſchreiten, dann heiſſet ihr Gebrauch transſcendent, welcher von dem immanenten, d. i. auf Erfahrung eingeſchränkten
Gebrauch unterſchieden wird. Allen Mißdeutungen dieſer Art
iſt in dem Werke hinreichend vorgebeugt worden: allein der Recenſent fand ſeinen Vortheil bey Mißdeutungen.

sucht würde, sein Urtheil darüber zu fällen, nachdem er beym Durchblättern auf viel Figuren gestoßen, etwa sagte: „das Buch ist eine systematische Anweisung zum Zeich„nen: der Verfasser bedient sich einer besondern Sprache, „um dunkele, unverständliche Vorschriften zu geben, die „am Ende doch nichts mehr ausrichten können, als was „jeder durch ein gutes natürliches Augenmaß zu Stande „bringen kan ꝛc.

Laßt uns indessen doch zusehen, was denn das vor ein Idealism sey, der durch mein ganzes Werk geht, obgleich bey weitem noch nicht die Seele des Systems ausmacht.

Der Satz aller ächten Idealisten, von der eleati- *h. 70* schen Schule an, bis zum Bischof Berkley, ist in dieser Formel enthalten: „alle Erkentnis durch Sinne und Erfah„rung ist nichts als lauter Schein, und nur in den Ideen „des reinen Verstandes und Vernunft ist Wahrheit.„

Der Grundsatz, der meinen Idealism durchgängig regiert und bestimmt, ist dagegen: „Alles Erkentnis von „Dingen, aus bloßem reinen Verstande, oder reiner „Vernunft, ist nichts als lauter Schein, und nur in der „Erfahrung ist Wahrheit.„

Das

Das ist ja aber gerade das Gegentheil von jenem eigentlichen Idealism, wie kam ich denn dazu, mich dieses Ausdrucks zu einer ganz entgegengesetzten Absicht zu bedienen, und wie der Recensent, ihn allenthalben zu sehen?

Die Auflösung dieser Schwierigkeit beruht auf etwas, was man sehr leicht aus dem Zusammenhange der Schrift hätte einsehen können, wenn man gewollt hätte. Raum und Zeit, samt allem, was sie in sich enthalten, sind nicht die Dinge, oder deren Eigenschaften an sich selbst, sondern gehören blos zu Erscheinungen derselben; bis dahin bin ich mit jenen Idealisten auf einem Bekenntnisse. Allein diese, und unter ihnen vornehmlich Berkley, sahen den Raum vor eine bloße empirische Vorstellung an, die eben so, wie die Erscheinungen in ihm, uns nur vermittelst der Erfahrung oder Wahrnehmung, zusamt allen seinen Bestimmungen bekant würde; ich dagegen zeige zuerst: daß der Raum (und eben so die Zeit, auf welche Berkley nicht Acht hatte) samt allen seinen Bestimmungen a priori von uns erkant werden könne, weil er so wohl, als die Zeit uns vor aller Wahrnehmung, oder Erfahrung, als reine Form unserer Sinnlichkeit beywohnt, und alle Anschauung derselben, mithin auch alle Erscheinungen möglich macht. Hieraus folgt: daß, da Wahrheit auf allgemeinen und nothwendigen Gesetzen, als ihren

ren

ren Criterien beruht, die Erfahrung bey Berkley keine
Criterien der Wahrheit haben könne, weil den Erscheinungen derselben (von ihm) nichts a priori zum Grunde
gelegt ward, woraus denn folgte, daß sie nichts als lauter Schein sey, dagegen bey uns Raum und Zeit (in Verbindung mit den reinen Verstandesbegriffen) a priori aller
möglichen Erfahrung ihr Gesetz vorschreiben, welches zugleich das sichere Criterium abgiebt, in ihr Wahrheit von
Schein zu unterscheiden *).

Mein so genanter (eigentlich critischer) Idealism ist
also von ganz eigenthümlicher nämlich so, daß er den
gewöhnlichen umstürzt, daß durch ihn alle Erkentniß
a priori, selbst die der Geometrie, zuerst objective Realität bekömmt, welche ohne diese meine bewiesene Idealität
des Raumes und der Zeit selbst von den eifrigsten Reali-
sten gar nicht behauptet werden könte. Bey solcher Bewandniß der Sachen wünschte ich nun aller Misverstand
zu

*) Der eigentliche Idealismus hat jederzeit eine schwärmerische Ab-
sicht, und kan auch keine andre haben, der meinige aber ist lediglich dazu, um die Möglichkeit unserer Erkentniß a priori von
Gegenständen der Erfahrung zu begreifen, welches ein Problem
ist, das bisher noch nicht aufgelöset, ja nicht einmal aufgewor-
fen worden. Dadurch fällt nun der ganze schwärmerische Idealism, der immer (wie auch schon aus dem Plato zu ersehen) aus
unseren Erkentnissen a priori (selbst derer der Geometrie auf eine
andere, (nämlich intellectuelle Anschauung) als die der Sinne
schloß, weil man sich gar nicht einfallen ließ, daß Sinne auch
a priori anschauen sollten.

zu verhüten, daß ich diesen meinen Begrif anders benennen könte; aber ihn ganz abzuändern will sich nicht wohl
thun lassen. Es sey mir also erlaubt, ihn künftig, wie
oben schon angeführt worden, den formalen, besser noch
den critischen Idealism zu nennen, um ihn vom dogmatischen des Berkley und vom sceptischen des Cartesius
zu unterscheiden.

Weiter finde ich in der Beurtheilung dieses Buchs
nichts merkwürdiges. Der Verfasser derselben urtheilt
durch und durch en gros, eine Manier, die klüglich gewählt ist, weil man dabey sein eigen Wissen oder Nichtwissen nicht verräth: ein einziges ausführliches Urtheil
en detail würde, wenn es, wie billig, die Hauptfrage
betroffen hätte, vielleicht meinen Irrthum, vielleicht auch
das Maaß der Einsicht des Recensenten in dieser Art
von Untersuchungen aufgedeckt haben. Es war auch kein
übelausgedachter Kunstgrif, um Lesern, welche sich nur
aus Zeitungsnachrichten von Büchern einen Begrif zu machen gewohnt sind, die Lust zum Lesen des Buchs selbst
frühzeitig zu benehmen, eine Menge von Sätzen, die
ausser dem Zusammenhange mit ihren Beweisgründen und
Erläuterungen gerissen (vornemlich so antipodisch, wie
diese in Ansehung aller Schulmetaphysik sind) nothwendig
widersinnisch lauten müssen, in einem Athem hinter einander her zu sagen, die Geduld des Lesers bis zum Ekel

zu beſtürmen, und denn, nachdem man mich mit dem ſinnreichen Satze, daß beſtändiger Schein Wahrheit ſey, bekant gemacht hat, mit der derben, doch väterlichen Lection zu ſchlieſſen: Wozu denn der Streit wider die angenommene Sprache, wozu denn und woher die idealiſtiſche Unterſcheidung? Ein Urtheil, welches alles Eigenthümliche meines Buchs, da es vorher metaphyſiſch=ketzeriſch ſeyn ſollte, zuletzt in einer bloſſen Sprachneuerung ſetzt, und klar beweiſt, daß mein angemaßter Richter auch nicht das mindeſte davon, und obenein ſich ſelbſt nicht recht verſtanden habe *).

Recenſent ſpricht indeſſen wie ein Mann, der ſich wichtiger und vorzüglicher Einſichten bewuſt ſeyn muß, die er aber noch verborgen hält; denn mir iſt in Anſehung der Metaphyſik neuerlich nichts bekant geworden, was zu einem ſolchen Tone berechtigen könte. Daran thut er aber ſehr unrecht, daß er der Welt ſeine Entdeckungen vorenthält; denn es geht ohne Zweifel noch mehreren ſo, wie

---

*) Der Recenſent ſchlägt ſich mehrentheils mit ſeinem eigenen Schatten. Wenn ich die Wahrheit der Erfahrung dem Traum entgegenſetze, ſo denkt er gar nicht daran, daß hier nur von dem bekanten ſomnio obiectiue ſumto der wolfiſchen Philoſophie die Rede ſey; der blos formal iſt, und wobey es auf den Unterſchied des Schlafens und Wachens gar nicht angeſehen iſt, und in einer Transſcendentalphiloſophie auch nicht geſehen werden kan. Uebrigens nennt er meine Deduction der Categorien und die Tafel der Verſtandesgrundſätze: „gemein bekante Grundſätze der Logik und

O                                „Onto=

wie mir, daß sie, bei allem Schönen, was seit langer Zeit in diesem Fache geschrieben worden, doch nicht fins den konten, daß die Wissenschaft dadurch um einen Fins gerbreit weiter gebracht worden. Sonst Definitionen ans spitzen, lahme Beweise mit neuen Krücken versehen, dem Cento der Metaphysik neue Lappen, oder einen veränders ten Zuschnitt geben, das findet man noch wohl, aber das verlangt die Welt nicht. Metaphysischer Behauptungen ist die Welt satt: man will die Möglichkeit dieser Wissen- schaft, die Quellen, aus denen Gewißheit in derselben abs geleitet werden könne, und sichere Criterien, den dialecs tischen Schein der reinen Vernunft von der Wahrheit zu unterscheiden. Hiezu muß der Recensent den Schlüssel besitzen, sonst würde er nimmermehr aus so hohem Tone gesprochen haben.

Aber ich gerathe auf den Verdacht, daß ihm ein solches Bedürfnis der Wissenschaft vielleicht niemals in Gedanken gekommen seyn mag, denn sonst würde er sei- ne Beurtheilung auf diesen Punkt gerichtet, und selbst ein fehlgeschlagner Versuch in einer so wichtigen Angeles genheit, Achtung bey ihm erworben haben. Wenn das ist, so sind wir wieder gute Freunde. Er mag sich so tief in seine

„Ontologie auf idealistische Art ausgedrückt.„ Der Leser darf nur darüber diese Prolegomenen nachsehen, um sich zu überzeugen, daß ein elenderes und selbst historisch unrichtigeres Urtheil gar nicht könne gefället werden.

seine Metaphyſik hinein denken, als ihm gut dünkt, dars
an ſoll ihn Niemand hindern, nur über das, was auſſer
der Metaphyſik liegt, die in der Vernunft befindliche
Quelle derſelben, kan er nicht urtheilen. Daß mein Vers
dacht aber nicht ohne Grund ſey, beweiſe ich dadurch,
daß er von der Metaphyſik der ſynthetiſchen Erkentniß
a priori, welche die eigentliche Aufgabe war, auf deren
Auflöſung das Schickſal der Metaphyſik gänzlich beruht,
und worauf meine Critik (eben ſo wie hier meine Pro=
legomena) ganz und gar hinauslief, nicht ein Wort er=
wähnete. Der Idealiſm, auf den er ſtieß, und an wel=
chem er auch hängen blieb, war nur, als das einige
Mittel jene Aufgabe aufzulöſen, in den Lehrbegrif aufge=
nommen worden (wiewohl er denn auch noch aus andern
Gründen ihre Beſtätigung erhielt), und da hätte er zeigen
müſſen, daß entweder jene Aufgabe die Wichtigkeit nicht
habe, die ich ihr (wie auch jetzt in den Prolegomenen)
beylege, oder daß ſie durch meinen Begrif von Erſcheinun=
gen gar nicht, oder auch auf andere Art beſſer könne auf=
gelöſet werden, davon aber finde ich in der Recenſion
kein Wort. Der Recenſent verſtand alſo nichts von mei=
ner Schrift, und vielleicht auch nichts von dem Geiſt und
dem Weſen der Metaphyſik ſelbſt, wofern nicht vielmehr,
welches ich lieber annehme, Recenſenteneilfertigkeit, über
die Schwierigkeit, ſich durch ſo viel Hinderniſſe durchzu=
arbeiten, entrüſtet, einen nachtheiligen Schatten auf

das

das vor ihm liegende Werk warf, und es ihm in seinen
Grundzügen unkentlich machte.

Es fehlt noch sehr viel daran, daß eine gelehrte
Zeitung, ihre Mitarbeiter mögen auch mit noch so guter
Wahl und Sorgfalt ausgesucht werden, ihr sonst verdien-
tes Ansehen im Felde der Metaphysik eben so wie anderwerts behaupten könne. Andere Wissenschaften und
Kenntnisse haben doch ihren Maaßstab. Mathematik hat ihren in sich selbst, Geschichte und Theologie in weltlichen
oder heiligen Büchern, Naturwissenschaft und Arzney-
kunst in Mathematik und Erfahrung, Rechtsgelehrsam-
keit in Gesetzbüchern, und so gar Sachen des Geschmacks
in Mustern der Alten. Allein zur Beurtheilung des Dinges, das Metaphysik heißt, soll erst der Maaßstab gefunden werden (ich habe einen Versuch gemacht, ihn so
wohl als seinen Gebrauch zu bestimmen). Was ist nun,
so lange, bis dieser ausgemittelt wird, zu thun, wenn
doch über Schriften dieser Art geurtheilt werden muß?
Sind sie von dogmatischer Art, so mag man es halten
wie man will: lange wird keiner hierin über den andern
den Meister spielen, ohne daß sich einer findet, der es
ihm wieder vergilt. Sind sie aber von critischer Art, und
zwar nicht in Absicht auf andere Schriften, sondern
auf die Vernunft selbst, so daß der Maaßstab der Beurtheilung nicht schon angenommen werden kan, sondern

aller-

allererst gesucht wird; so mag Einwendung und Tadel unverbeten seyn, aber Verträglichkeit muß dabey doch zum Grunde liegen, weil das Bedürfniß gemeinschaftlich ist, und der Mangel benöthigter Einsicht ein richterlich entscheidendes Ansehen unstatthaft macht.

Um aber diese meine Vertheidigung zugleich an das Interesse des philosophirenden gemeinen Wesens zu knüpfen, schlage ich einen Versuch vor, der über die Art, wie alle metaphysische Untersuchungen auf ihren gemeinschaftlichen Zweck gerichtet werden müssen, entscheidend ist. Dieser ist nichts anders, als was sonst wohl Mathematiker gethan haben, um in einem Wettstreit den Vorzug ihrer Methoden auszumachen, nämlich, eine Ausfoderung an meinen Recensenten, nach seiner Art irgend einen einzigen von ihm behaupteten wahrhaftig metaphysischen, d. i. synthetischen und a priori aus Begriffen erkanten, allenfalls auch einen der unentbehrlichsten, als z. B. den Grundsatz der Beharrlichkeit der Substanz, oder der nothwendigen Bestimmung der Weltbegebenheiten durch ihre Ursache, aber, wie es sich gebührt, durch Gründe a priori zu erweisen. Kan er dies nicht, (Stillschweigen aber ist Bekenntniß) so muß er einräumen: daß, da Metaphysik ohne apodictische Gewißheit der Sätze dieser Art ganz und gar nichts ist, die Möglichkeit oder Unmöglichkeit derselben vor allen Dingen zuerst in einer Cri-

tik

tik der reinen Vernunft ausgemacht werden müsse, mithin ist er verbunden, entweder zu gestehen, daß meine
Grundsätze der Critik richtig sind, oder ihre Ungültig-
keit zu beweisen.  Da ich aber schon zum voraus sehe,
daß, so unbesorgt er sich auch bisher auf die Gewißheit
seiner Grundsätze verlassen hat, dennoch, da es auf eine strenge Probe ankomt, er in dem ganzen Umfange der
Metaphysik auch  nicht einen einzigen auffinden werde,
mit dem er dreust auftreten könne,  so will ich ihm die
vortheilhafte Bedingung bewilligen,  die man nur in
einem Wettstreite erwarten kan,  nämlich ihm das onus
probandi abnehmen, und es mir auflegen lassen.

Er findet nemlich in diesen Prolegomenen, und in
meiner Critik S. 426 — 461. acht Sätze, deren zwey
und zwey immer einander widerstreiten, jeder aber nothwendig zur Metaphysik gehört, die ihn entweder annehmen oder widerlegen muß,  (wiewohl kein einziger derselben ist, der nicht zu seiner Zeit von irgend einem Philosophen wäre angenommen worden).  Nun hat er die
Freyheit, sich einen von diesen acht Sätzen nach Wohlge-
fallen auszusuchen,  und ihn ohne Beweis, den ich ihm
schenke,  anzunehmen; aber nur einen, (denn ihm wird
Zeitverspillerung eben so wenig dienlich seyn wie mir) und
alsdenn meinen Beweis  des Gegensatzes anzugreifen.
Kan ich nun diesen gleichwohl retten, und auf solche Art
zeigen,

zeigen, daß nach Grundfätzen, die jede dogmatische Metaphyfit nothwendig anerkennen muß, das Gegentheil des von ihm adoptirten Satzes gerade eben so klar bewiesen werden könne, so ist dadurch ausgemacht, daß in der Metaphyfit ein Erbfehler liege, der nicht erklärt, vielweniger gehoben werden kan, als wenn man bis zu ihrem Geburtsort, der reinen Vernunft selbst, hinauffsteigt, und so muß meine Critif entweder angenommen, oder an ihrer Statt eine beffere gefetzt, sie alfo wenigstens studirt werden: welches das einzige ist, das ich jetzt nur verlange. Kan ich dagegen meinen Beweis nicht retten, so steht ein synthetischer Satz a priori aus dogmatischen Grundfätzen auf der Seite meines Gegners fest, meine Beschuldigung der gemeinen Metaphyfit war darum ungerecht, und ich erbiete mich, seinen Tadel meiner Critif (obgleich das lange noch nicht die Folge feyn dürfte,) vor rechtmäßig zu erkennen. Hiezu aber würde es, dünkt mich, nöthig feyn, aus dem Incognito zu treten, weil ich nicht abfehe, wie es fonst zu verhüten wäre, daß ich nicht, statt einer Aufgabe von ungenanten und doch unberufenen Gegnern, mit mehreren beehrt oder bestürmt würde.

Vor:

# Vorschlag
## zu einer Untersuchung der Critik,
### auf welche
### das Urtheil folgen kan.

Ich bin dem gelehrten Publicum auch vor das Still=
schweigen verbunden, womit es eine geraume Zeit
hindurch meine Critik beehrt hat; denn dieses beweiset
doch einen Aufschub des Urtheils, und also einige Ver=
muthung, daß in einem Werke, was alle gewohnte We=
ge verläßt, und einen neuen einschlägt, in den man sich
nicht so fort finden kan, doch vielleicht etwas liegen möge,
wodurch ein wichtiger, aber jetzt abgestorbener Zweig
menschlicher Erkentnisse neues Leben und Fruchtbarkeit
bekommen könne, mithin eine Behutsamkeit, durch kein
übereiltes Urtheil den noch zarten Propfreis abzubrechen
und zu zerstören. Eine Probe eines aus solchen Grün=
den verspäteten Urtheils komt mir nur eben jetzt in der
Gothaischen gelehrten Zeitung vor Augen, dessen Gründlich=
keit (ohne mein hiebey verdächtiges Lob in Betracht zu
ziehen) aus der faßlichen und unverfälschten Vorstellung
eines zu den ersten Principien meines Werks gehörigen
Stücks jeder Leser von selbst wahrnehmen wird.

Und nun schlage ich vor, da ein weitläuftig Gebäu=
de unmöglich durch einen flüchtigen Ueberschlag so fort

im

im Ganzen beurtheilt werden kan, es von seiner Grundlage an, Stück vor Stück zu prüfen, und hiebey gegenwärtige Prolegomena als einen allgemeinen Abriß zu
brauchen, mit welchem denn gelegentlich das Werk selbst
verglichen werden könnte. Dieses Ansinnen, wenn es
nichts weiter, als meine Einbildung von Wichtigkeit, die
die Eitelkeit gewöhnlicher massen allen eigenen Producten
leihet, zum Grunde hätte, wäre unbescheiden, und verdiente mit Unwillen abgewiesen zu werden. Nun aber
stehen die Sachen der ganzen speculativen Philosophie so,
daß sie auf dem Puncte sind, völlig zu erlöschen, obgleich
die menschliche Vernunft an ihnen mit nie erlöschender
Neigung hängt, die nur darum weil sie unaufhörlich ge-
täuscht wird, es jetzt, obgleich vergeblich, versucht, sich
in Gleichgültigkeit zu verwandeln.

In unserm denkenden Zeitalter läßt sich nicht vermuthen, daß nicht viele verdiente Männer jede gute Ver-
anlassung benutzen sollten, zu dem gemeinschaftlichen Interesse der sich immer mehr aufklärenden Vernunft mit zu
arbeiten, wenn sich nur einige Hoffnung zeigt, dadurch
zum Zweck zu gelangen. Mathematik, Naturwissenschaft, Gesetze, Künste, selbst Moral ꝛc. füllen die Seele
noch nicht gänzlich aus; es bleibt immer noch ein Raum
in ihr übrig, der vor die bloße reine und speculative Vernunft abgestochen ist, und dessen Leere uns zwingt, in

Fratzen

Fraßen oder Tändelwerk, oder auch Schwärmerey, dem
Scheine nach, Beschäftigung und Unterhaltung, im Grunde aber nur Zerstreuung zu suchen, um den beschwerlichen
Ruf der Vernunft zu übertäuben, die ihrer Bestimmung
gemäß etwas verlangt, was sie vor sich selbst befriedige,
und nicht blos zum Behuf anderer Absichten, oder zum
Interesse der Neigungen in Geschäftigkeit versetze. Daher hat eine Betrachtung, die sich blos mit diesem Umfange der vor sich selbst bestehenden Vernunft beschäftigt,
darum, weil eben in demselben alle andere Kentnisse, so
gar Zwecke zusammenstossen, und in ein Ganzes vereinigen
müssen, wie ich mit Grunde vermuthe, vor jedermann,
der es nur versucht hat, seine Begriffe so zu erweitern, einen
großen Reiß, und ich darf wohl sagen, einen größeren,
als jedes andere theoretische Wissen, welches man gegen
jenes nicht leichtlich eintauschen würde.

Ich schlage aber darum diese Prolegomena zum
Plane und Leitfaden der Untersuchung vor, und nicht des
Werks selbst, weil ich mit diesem zwar, was den Inhalt,
die Ordnung und Lehrart und die Sorgfalt betrift: die
auf jeden Satz gewandt worden, und ihn genau zu wä-
gen und zu prüfen, ehe ich ihn hinstellte, auch noch
jetzt ganz wohl zufrieden bin, (denn es haben Jahre dazu
gehört, mich nicht allein von dem Ganzen, sondern bisweilen auch nur von einem einzigen Satze in Ansehung

seiner

seiner Quellen völlig zu befriedigen,) aber mit meinem
Vortrage in einigen Abschnitten der Elementarlehre, z.
B. der Deduction der Verstandesbegriffe, oder dem von
den Paralogismen d. r. V., nicht völlig zufrieden bin,
weil eine gewisse Weitläuftigkeit in denselben die Deutlichkeit hindert, an deren statt man das, was hier die Prolegomenen in Ansehung dieser Abschnitte sagen, zum Grunde der Prüfung legen kan.

Man rühmt von den Deutschen, daß, wozu Beharrlichkeit und anhaltender Fleiß erforderlich sind, sie
es darin weiter als andere Völker bringen können.
Wenn diese Meinung gegründet ist, so zeigt sich hier nun
eine Gelegenheit, ein Geschäfte, an dessen glücklichem
Ausgange kaum zu zweifeln ist, und woran alle denkende
Menschen gleichen Antheil nehmen, welches doch bisher
nicht gelungen war, zur Vollendung zu bringen, und jene vortheilhafte Meinung zu bestätigen; vornehmlich, da
die Wissenschaft, welche es betrift, von so besonderer
Art ist, daß sie auf einmal zu ihrer ganzen Vollständigkeit und in denjenigen beharrlichen Zustand gebracht
werden kan, da sie nicht im mindesten weiter gebracht,
und durch spätere Entdeckung weder vermehrt, noch auch
nur verändert werden kan, (den Auspuz durch hin und
wieder vergrößerte Deutlichkeit oder angehängten Nu-
zen in allerley Absicht rechne ich hieher nicht,) ein Vortheil,

theil, den keine andere Wissenschaft hat, noch haben kan, weil keine ein so völlig isolirtes, von andern unabhängiges und mit ihnen unvermengtes Erkentnisvermögen betrift. Auch scheint dieser meiner Zumuthung der jetzige Zeitpunct nicht ungünstig zu seyn, da man jetzt in Teutschland fast nicht weiß, womit man sich, ausser den sogenanten nützlichen Wissenschaften noch sonst beschäftigen könne, so daß es doch nicht blosses Spiel, sondern zugleich Geschäfte sey, wodurch ein bleibender Zweck erreicht wird.

Wie die Bemühungen der Gelehrten zu einem solchen Zweck vereinigt werden könten, dazu die Mittel zu ersinnen, muß ich andern überlassen. Indessen ist meine Meinung nicht, irgend jemanden eine blosse Befolgung meiner Sätze zuzumuthen, oder mir auch nur mit der Hoffnung derselben zu schmeicheln, sondern, es mögen sich, wie es zutrift, Angriffe, Wiederholungen, Einschränkungen, oder auch Bestätigung, Ergänzung und Erweiterung, dabey zutragen, wenn die Sache nur von Grund aus untersucht wird, so kan es jetzt nicht mehr fehlen, daß nicht ein Lehrgebäude, wenn gleich nicht das meinige, dadurch zu Stande komme, was ein Vermächtnis vor die Nachkommenschaft werden kan, davor sie Ursache haben wird, dankbar zu seyn.

Was, wenn man nur allererst mit den Grundsätzen der Critik in Richtigkeit ist, vor eine Metaphysik, ihr

zu

zu Folge, könne erwartet werden und wie diese keineswe
ges dadurch, daß man ihr die falsche Federn abgezogen,
armselig und zu einer nur kleinen Figur herabgesetzt erscheinen dürfe, sondern in anderer Absicht reichlich und
anständig ausgestattet erscheinen könne; würde hier zu
zeigen zu weitläuftig seyn; allein andere große Nutzen,
die eine solche Reform nach sich ziehen würde, fallen so
fort in die Augen. Die gemeine Metaphysik schaffte
dadurch doch schon Nutzen, daß sie die Elementarbegriffe
des reinen Verstandes aufsuchte, um sie durch Zergliederung deutlich und durch Erklärungen bestimmt zu machen.
Dadurch ward sie eine Cultur vor die Vernunft, wohin
diese sich auch nachher zu wenden gut finden möchte; Allein das war auch alles Gute, was sie that. Denn dieses ihr Verdienst vernichtete sie dadurch wieder, daß sie
durch waghälsige Behauptungen den Eigendünkel, durch
subtile Ausflüchte und Beschönigung die Sophisterey, und
durch die Leichtigkeit, über die schwersten Aufgaben mit
ein wenig Schulweisheit wegzukommen, die Seichtigkeit
begünstigte, welche desto verführerischer ist, je mehr sie
einerseits etwas von der Sprache der Wissenschaft, ande-
rerseits von der Popularität anzunehmen die Wahl hat
und dadurch allen Alles, in der That aber überall nichts
ist. Durch Critik dagegen wird unserem Urtheil der
Maaßstab zugetheilt, wodurch Wissen von Scheinwissen
mit Sicherheit unterschieden werden kan, und diese grün-

det

det dadurch, daß sie in der Metaphysik in ihre volle Aus-
übung gebracht wird, eine Denkungsart, die ihren wohl-
thätigen Einfluß nachher auf jeden andern Vernunftge-
brauch erstreckt und zuerst den wahren philosophischen
Geist einflößt. Aber auch der Dienst, den sie der Theologie leistet, indem sie solche von dem Urtheil der dogmatischen Speculation unabhängig macht und sie eben dadurch
wider alle Angriffe solcher Gegner völlig in Sicherheit
stellt, ist gewiß nicht gering zu schätzen. Denn gemeine
Metaphysik, ob sie gleich jener viel Vorschub verhieß,
konte doch dieses Versprechen nachher nicht erfüllen, und
hatte noch überdem dadurch, daß sie speculative Dogmatik zu ihrem Beystand aufgeboten, nicht anders gethan,
als Feinde wider sich selbst zu bewaffnen. Schwärmerey,
die in einem aufgeklärten Zeitalter nicht aufkommen kan,
als nur wenn sie sich hinter einer Schulmetaphysik ver-
birgt, unter deren Schutz sie es wagen darf, gleichsam
mit Vernunft zu rasen, wird durch critische Philosophie
aus diesem ihrem letzten Schlupfwinkel vertrieben, und
über das Alles kan es doch einem Lehrer der Metaphysik nicht anders als wichtig seyn, einmal mit allgemeiner
Beystimmung sagen zu können, daß, was er vorträgt, nun
endlich auch Wissenschaft sey, und dadurch dem gemeinen
Wesen würklicher Nutzen geleistet werde.